プロ投資家の先を読む思考法

渡部清二

SB新書
639

はじめに

今、日本株が熱い！

今、投資すべきは日本株です。

「日本はもう終わった」「人口減少だし、ＩＴでは出遅れたし、株価が上がる要素がない」などと言われてもいますが、そんなことはありません。

むしろ今ほど、日本株に投資すべきタイミングはないと言っても過言ではないほどです。

そもそもこの1年間の日経平均株価の伸びがそれを示しています。

昨年、２０２２年12月末の終値が２万６０９４円であったのが、その後急上昇。本書執筆時点での最新値、10月13日の終値は３万２３１５円と、約24％も上昇しています。

2022年末から2023年の日経平均株価チャート

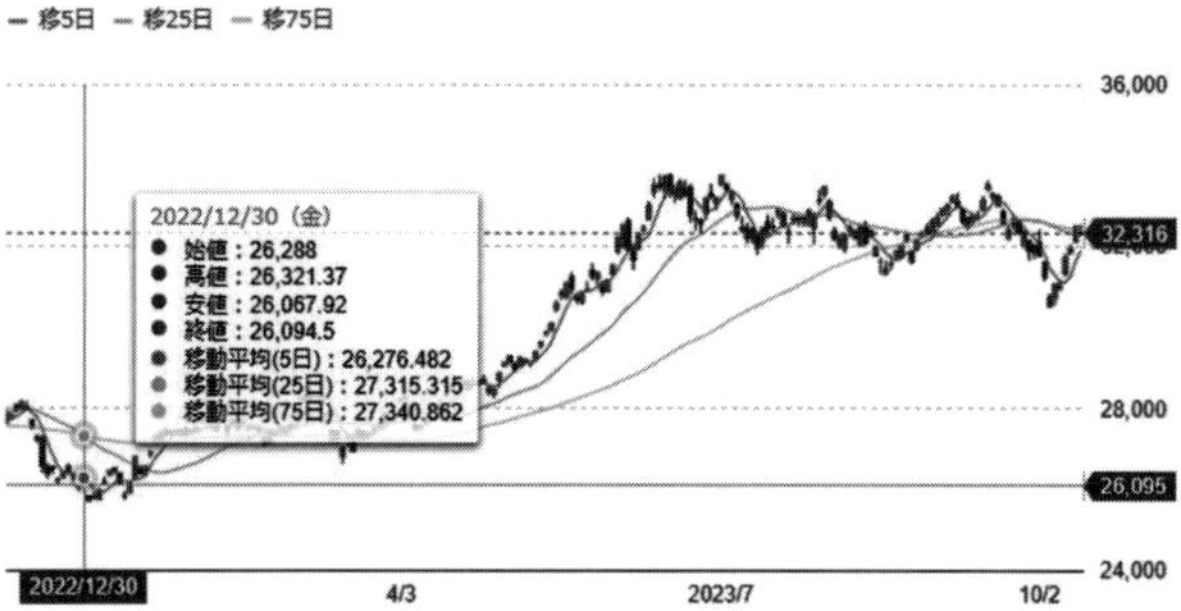

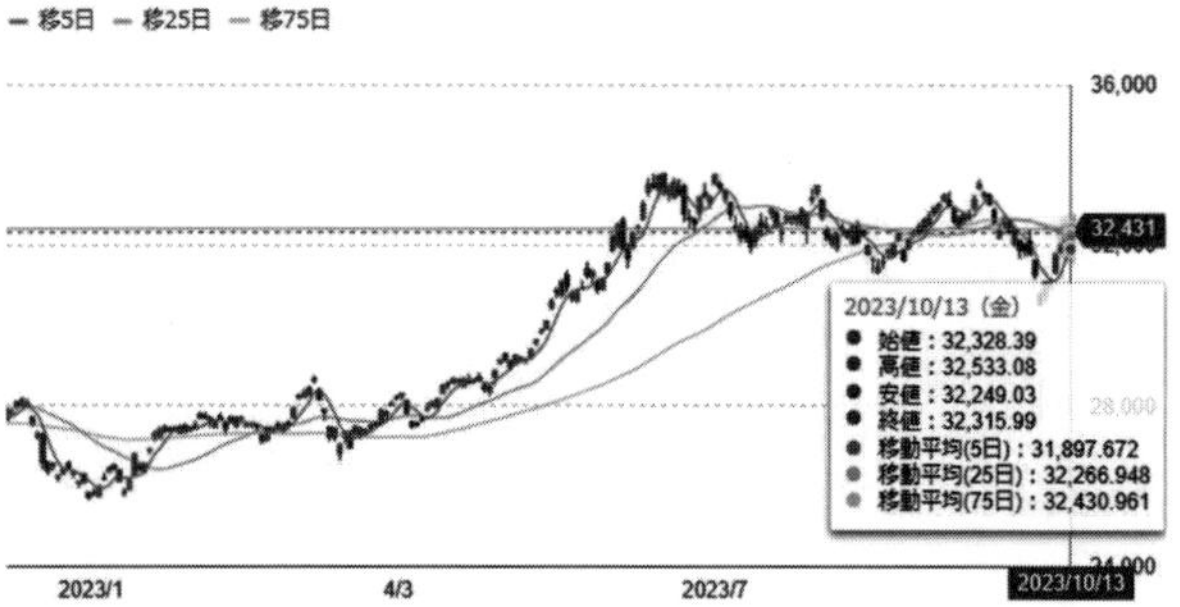

出典：日本経済新聞「日経平均株価」
※2023年10月時点での内容

日本の株式市場がもう本当にダメなら、どうしてこんなことが起こるでしょうか？

この日本株に対する再注目の起こりは、２０２３年4月に「投資の神様」と呼ばれているウォーレン・バフェット氏が来日し、「日本株の追加投資」を宣言したことにありました。

バフェット氏の投資手法は「安く放置されている銘柄を買って、値上がりしたら売る」というきわめてオーソドックスなものです。それもあくまで優良な株が安くなったときに投資する、典型的な「バリュー投資」でリスクが低いとされます。投資するのはあくまで優良株に限られます。

近年、バフェット氏が大きな勝負に出たのは、２００８年のリーマンショックの翌年のことでした。株価が大きく下落したゴールドマンサックスの株を爆買いして大儲けしたのです。

よほどの割安株がなければ大きな買いを入れないバフェット氏による「日本株を大量に買い付ける」という宣言。彼が株式投資に積極的になったのは、２００９年以来、実に14年ぶりのことです。

これが意味するのは、「日本株は企業価値に比べるとあり得ないほど安い」ということにほかなりません。

2023年以降、日経平均が上がり続けていてもなお割安のまま放置されている。それが日本株の実情であり、今、日本株投資を始めるのが大正解な理由なのです。

投資は「長期」が原則と考えよう

ところであなたは投資に何を求めていますか？

短期間でガツン！　と大きく儲けることでしょうか？　あるいは将来に向けて長期的に資産を作っていくことでしょうか？

私は投資の目的の善し悪しは、自分で決めればいいことだと思っています。

株式投資の初心者の方は、できるだけ早く投資効果を実感したいというのが本音でしょう。買ってから2～3カ月でスルスルと上がり、1・5倍とかになった時点で売却して、お金が増えたことを実感したいですよね。

資金が何百倍にもなって、いわゆる「億り人」になった人の話もよく聞かれます。

確かに、世の中には短期間で驚異的にお金を増やした人が存在します。数百万円の資金を元手に、それを数億にしてしまうような人もいるにはいるのです。

中にはその手法を公開している人もいます。教えてもらえるのならば、その通りにやれば自分も大金を手にできるのでは？　と思ってしまうことでしょう。

ところが、ここがとても難しいところなのですが、ほぼ100%同じようにはできないのです。


残念なことに、短期投資でうまくお金を回して増やし、なおかつその一部を安定・定期に運用して長期的な財産を築ける人はごく一握りです。

一時的にうまくいくことはあるかもしれません。でも長いスパンで見た場合、投資で成功し続けるというのはとても難しいことなのです。

短期間で手っ取り早く資産を増やせれば、それに越したことはありません。私だってそんな方法があるのなら知りたいくらいです。

短期投資には再現性がない

投資の世界では「再現性」ということがよく言われます。投資でいう再現性とは、投資で一定以上の利益を得た人と同じ手法で同じ投資効果を狙うことを意味します。もしも同じような投資効果が上げられるのであれば「再現性がある」、上げられなければ「再現性がない」と評価されます。

短期投資で成果を上げ続けるのが難しいのは、ほとんどのケースで再現性がないからです。

なぜかというと、株式市場はまるで生き物のように刻一刻と姿を変えていくからです。

個々の会社の状況も変化し続けていますし、株価に影響を与える世界情勢や為替、金融政策もしかりです。

短期投資で成功した人とまったく同じ状況で勝負するということはまずできません。

成功したのは、その人が短期投資をしたタイミングと手法のめぐり合わせがたまたまうまくいったと考えたほうがいいでしょう。

そのタイミングや手法をいくら学んだところで、あまり意味はありません。短期投資でうまくいく人は、何百万人分の一と考えたほうがいいでしょう。そのたった1人がやった方法とまったく同じ条件が、果たしてそろうでしょうか？　そして同じ成果を上げることができるでしょうか？

「自分にはできない」と考えるほうが妥当だと思いませんか？

ところが、ものの本には「誰でも同じようにすれば何億もの資産が作れる」というようなことが書かれています。

そんなことはまずないと考えたほうがいいでしょう。

「人間は欲深い」ことを忘れない

もう1つ、お金に関して人の目をくらませるものがあります。それは誰の心にも存在する「欲」です。

人間は欲が深い生き物です。

仮に、投資の目的が「老後資金として5000万円作ること」だったとしましょう。短期的な投資が思いがけずうまくいき、すぐに5000万円の資産（含み益）が作れたとして、その時点ですべての投資商品を売却して利益確定ができるものでしょうか？

おそらくほとんどの人はできないでしょう。

「たったこれだけでこんなにうまくいったのだから、これから先はもっと儲かるだろう」と考え、資産を大きくしようとし続けることでしょう。

しかし、同じ手法を続けたとしてもうまくいく保証はどこにもありません。

相場は水物、常に動き変化しているからです。

「もしかして自分には投資の才能があるのかもしれない」と錯覚し、欲を出して大金を投資し、少なからぬお金を失ってしまった人を私は数多く見てきました。


投資は長期で行い、投資の目的を忘れないことが大事

投資で資産形成をしたいのであれば、長期投資が基本と考えてください。

また投資の目的を忘れないことも大切です。

何ごとも目標設定ができてはじめて、そこに至るまでのルートが見えてくるものです。

富士山に登頂しようとするとき、計画も立てず必要な装備も用意せず、むやみやたらと登り始める人はあまりいませんよね。

1日目の何時までに何合目へ、登頂は何日目の何時ごろ、とおおよその計画を立てるのではないでしょうか。ただし、山頂に至るには、1歩ずつコツコツと歩みを進めることがいちばん大切です。

自分の足で歩かないことには、いつまでたっても山頂に立つことはできません。


長期投資もそれと同じことです。

まずは自分の登りたい山（＝目標額）を決め、その目標に到達するためには、いつごろまでにどれくらいの銘柄数・株式数が必要なのかを、段階的にあらかた決めておきます。

あとはコツコツ買い続けていくだけです。

長期投資という登山には、思いがけない「おまけ」がついてくることがあります。株価が想定したより大きく値上がりしたり、株式分割などで持ち株数が増えて、想定した以上に資産額が大きくなったりする可能性があるのです。

あなたの長期投資という名の登山は今始まったばかり。これが将来、どんな姿を表してくれるのか、楽しみに待ちましょう。

プロ投資家の先を読む思考法◉目次

第1章 市場の先読みには長期思考が欠かせない

第2章 この知識さえあれば市場の先が見通せる

第３章 市場の先を読むために必要なスキル

第4章 市場の先読み術を最大化する投資判断とは？

第5章 市場の先読みにはマインドセットも重要

第1章

市場の先読みには長期思考が欠かせない

長期投資ならリスクが低減でき、持ち株数が増えることも

長期投資は、投資期間を長く取ることによって投資のリスクを軽減できるため、一般の方々にとって安心かつ安定的な運用が可能になります。

投資のリスクとは、すなわち元本割れのリスクのことです。短期間に多くの資金を動かすと、値下がりリスクの影響をもろに受けてしまいます。ここでは詳述は避けますが、短期投資で大きく儲かる金融商品の中には、現物の何倍もの金額で行えるものがあります。

そうした商品には決済の期限が設けられており、その期限のタイミングで株価が値下がりしていたら、大変なことになります。

こう書いただけで、いかにリスクの高いものであるか、ご想像いただけるのではな

ドルコスト平均法

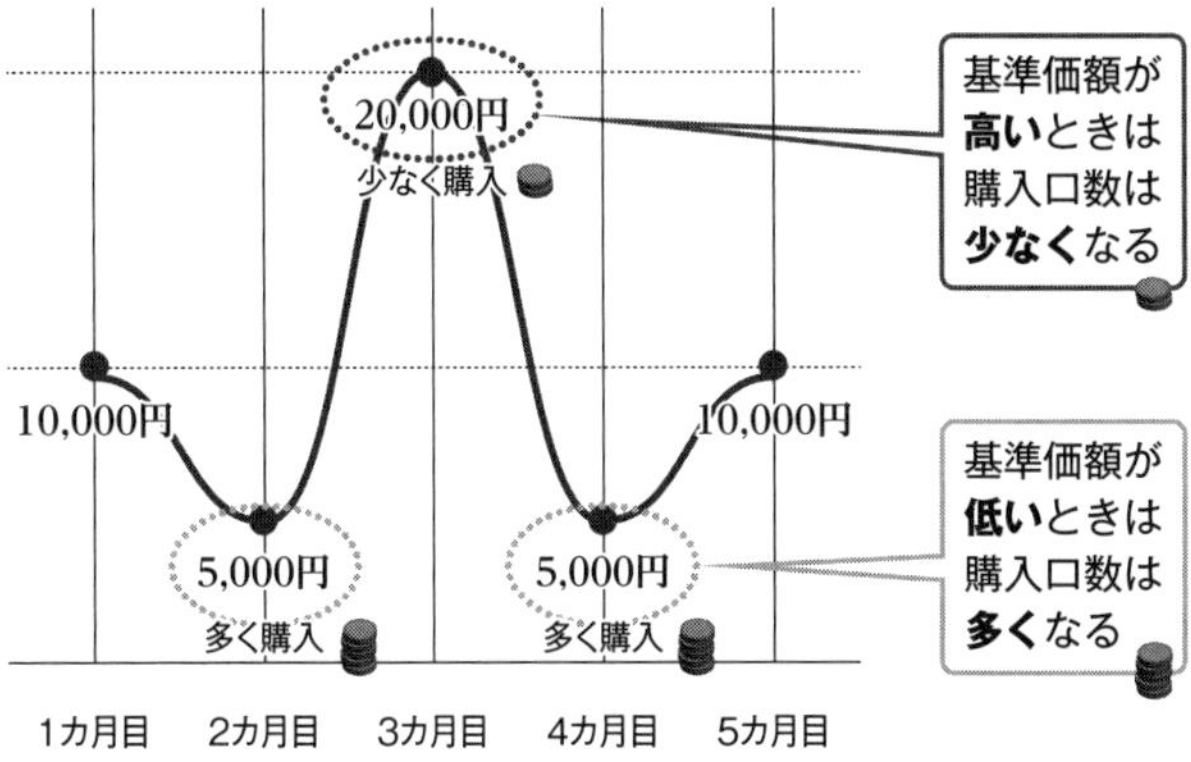

出典：SBI証券ホームページをもとにSBクリエイティブ株式会社が作成

いでしょうか。

そして、短期投資を推奨する本には、この類いのハイリスク商品の活用を紹介しているものが多いのです。

長期投資はこれとは逆のスタンスを取ります。時間をかけて毎月一定額の株式を買い付け、長期的に資産形成をしようというものです。

長いスパンで株式を買い付ければ、相場がいいときもあれば悪いときもあります。

これがいいのです。ある時期、どうしようもないほど持株が値下がりしたとしましょう。毎月一定額買い付けているわけですから、株価が安いときは同じ金額でたくさんの株数を買うことができます。もっとも逆に株価が高くなると、買付数は少なくなってしまいますが、買付価格は平均化され、いわゆる「高値づかみ」のリスクは回避できます。

これは昔からよく知られている買付方法で「ドルコスト平均法」といい、投資リスクを軽減するための手法の1つです。

株式分割で株数が増えることも

また長期的に株式を持つことによって、株式分割という持株の数が増える恩恵にあずかれる場合もあります。

株式分割とは、株価を下げて発行済み株式数を増やし、より多くの投資家に買ってもらいやすくするために、1株を2株や3株などに分割することをいいます。

たとえば、1株4000円の株を、元株1分割後の株を2とする「1：2」で分割した場合、株価は4000÷2＝2000円となりますが、その分、持ち株の数は2倍になります。つまりそれまで100株持っていた人は、まったく追加費用なしで持株が２００株に増えるわけです。

後ほど改めてご紹介しますが、パナソニックなど日本を代表する大企業の株式を長期間保有し続けた結果、株式分割が繰り返されたことで一大資産を形成した人もいます。

長期投資だったらなんでもいいというわけではない

ただし、どんな銘柄でも長く保有すればいいかというと、そういうわけではありません。長期投資はトレンドに合っていて、時間の経過とともに値上がりしていく銘柄を選定できてはじめて効果を発揮します。

そこを間違えて一切値上がりしない銘柄を選んでしまうと、まったくの期待外れになってしまいます。

次ページの図を見ていただくと、そのことが如実にわかることでしょう。

この図は東証プライム市場に上場しているキーエンス（証券番号：6861。以下、証券番号のみ表記）と野村證券（現・野村ホールディングス：8604）、それぞれの株価および日経平均株価の変化を比較したものです。

キーエンスは大阪に本社を置くFAセンサーなど検出・計測制御機器の大手ですが、平均年収日本一で知られています。2023年4集秋号（9月発売）の『会社四季報』の平均年収の欄には、2279万円と記載されています。

まさに、トレンドにぴったりとマッチして大躍進している企業です。

一方の野村證券はといえば、かつて日本の証券会社の中でナンバー1のポジションにいました。ところがそれも2000年代初めまでのこと。その後は悲しいかな、鳴かず飛ばずといったところです。

バブル崩壊後、じりじりと下がり続けた日経平均株価にも及びません。

1990（平成2）年4月を「1」とした日経平均、野村證券、キーエンスの株価の動き

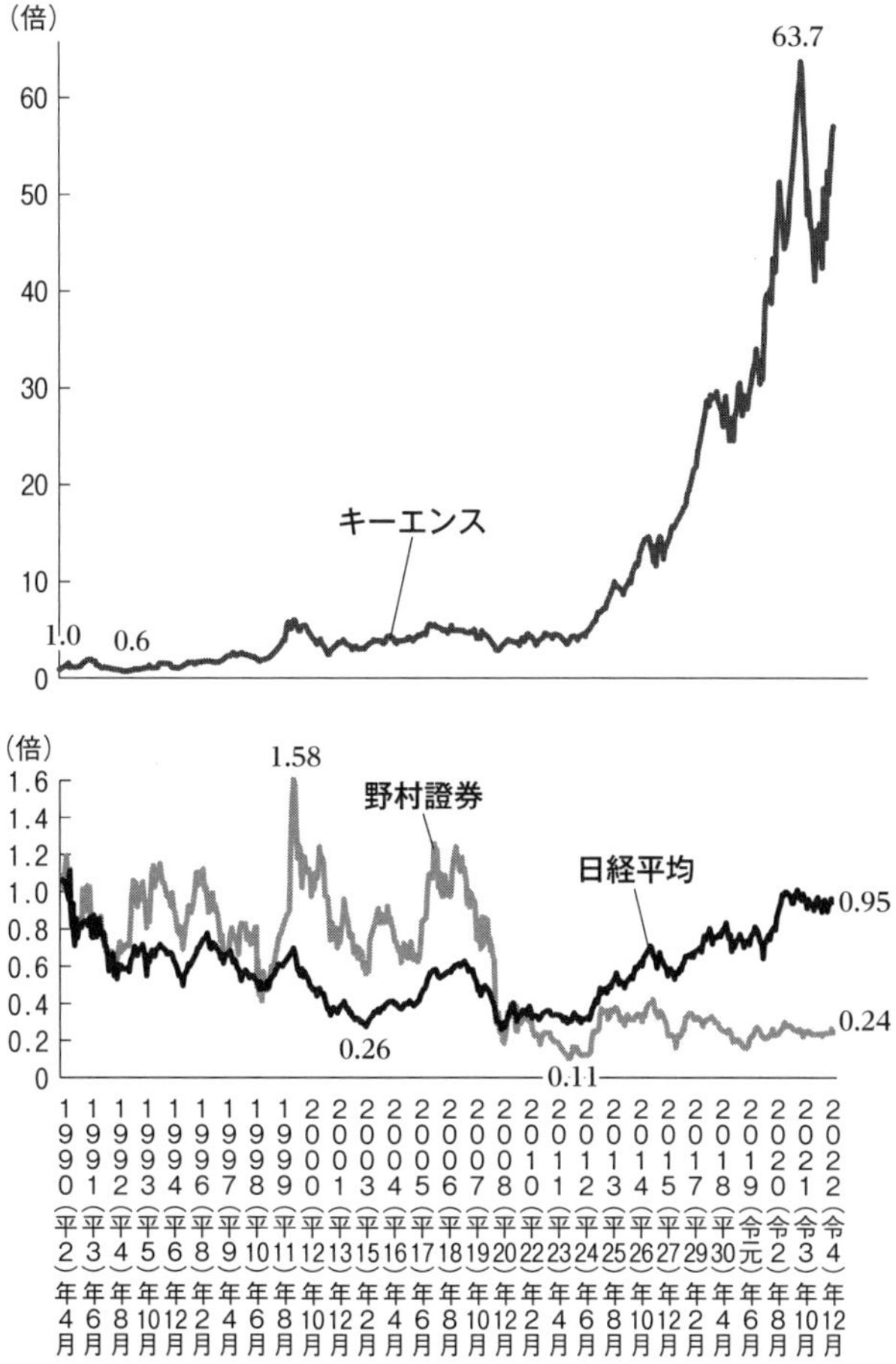

出典：複眼経済塾

それぞれ1990年4月の株価を1とした場合、2020～2021年ころの株価は、キーエンス63・7倍、2022年12月時点では野村證券0・24倍、日経平均0・95倍となります。

銘柄選びで運用成果が違ってくることがわかる事例でしょう。

さらに衝撃的なのは、それぞれの銘柄を毎月1万円ずつ買っていたと仮定した場合の試算結果です。

先ほどご紹介した「ドルコスト平均法」を使い、毎月一定の期日にそれぞれの銘柄を、私が野村證券に入社した1990年4月から2023年3月までの396カ月買った場合と仮定しましょう。

投資金はいずれも合計396万円ですが、2023年3月末の評価額はこうなります。

日経平均	735万円	1・9倍
野村證券	238万円	40％減
キーエンス	7274万円	18・4倍

おそろしく差がついてしまいました。

野村證券が投資金額を40％も下回っているのに対し、キーエンスは18・4倍にも膨れ上がっています。

この例を見てもわかるように、大切なのは長く持つことではありません。「確実に値上がりしていく銘柄を選んで長く持つこと」なのです。

戦前に買っていたら7万倍！驚異のパナソニック

私は仕事上においてのみならず、個人的にも株価の動きを追うことに強い関心を持っています。

正確に言えば「この株、こんなに増えているのか！」と驚きたいという気持ちが強いのです。

そんな株式マニアの私をして、毎回目にするたびに感動せしめるのが、松下電器産業（現・パナソニック ホールディングス：6752）の株価の伸びです。

パナソニックは1918（大正7）年、松下電気器具製作所として大阪で産声を上げました。創業者の松下幸之助氏は、家庭内に電気を供給するソケットが電灯用の1つしかなかった時代に、電灯をつけながらその他の電化製品を使えるようにと二股ソケ

パナソニック修正月足チャート

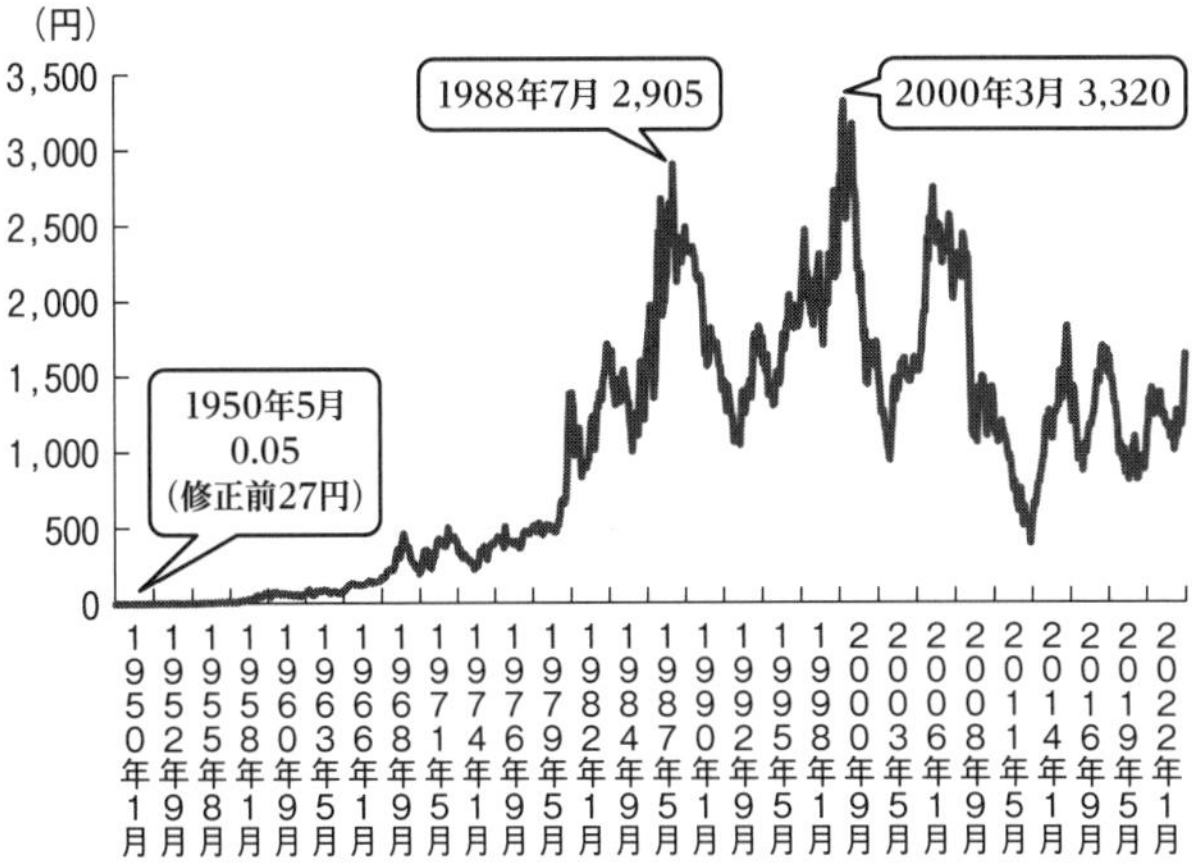

出典：複眼経済塾

ットを考案します。

これが創業当初の大ヒット商品となり、後の日本を代表するパナソニックの礎となりました。

株価の側面から見ると、パナソニックが戦後最安値をつけたのは、１９５０（昭和25）年６月の27円です。当時は１０００株単位の売買だったので、必要な買付金額は２万７０００円ということになります。

これを上場来高値をつけた２０００年３月まで持ち続けていたとしたら、どうなっていたでしょうか？

この章の冒頭でご紹介した株式分割

などで持株の数が増えたことも考慮すると、なんとその価値は19億円弱。投資金額2万7000円の約7万倍にもなっているのです。

祖父母や曽祖父母の誰かが買って持ち続けてくれていたら、一族郎党けっこうな暮らしができたのではないでしょうか。

株の長期投資はこんなことを引き起こす可能性があるのです。

ただし繰り返しになりますが、それは「着実に伸びていく会社=確実に値上がりする銘柄」に長期投資した場合に限られます。

逆に言えば、銘柄選びさえ間違えなければ、パナソニックほどにはならないかもしれませんが、資金を10倍程度まで膨らますことのできる可能性は決して低くありません。

セブン－イレブン開業当初のオーナーたちも億万長者に！

実は私自身、若いころは短期投資推奨派でした。

というのも証券会社の営業マンだった私にとって、お客様に頻繁に株式の売買をしていただくことが自分の評価に直結したからです。

当時、株式投資は今のようにインターネットで行うものではなく、私のような証券会社の営業マンを介して行うものでした。人を介するからには当然、そこには手数料が発生します。

株式は売りの場合も買いの場合も手数料がかかるので、短期投資でどんどん売買してもらう方が私にとってはありがたかったのです。

そんな私が考えを変えざるを得なくなったのは、仕事でセブン‐イレブンの初期のころのオーナーさんたちのお話を聞いてからのことです。

セブン‐イレブンの日本における1号店は1974年に開業し、2年後の1976年には100店舗にまで増えています。

初期にセブン‐イレブンのオーナーになった方々はイトーヨーカドーやセブン‐イレブンの株を持っていて、私が証券会社に入社して10年後の2000年ごろには株式の評価額が何億円という金額になっていたのです。

たかだか25年程度でこんなに大きくなる銘柄もあるんだ！　と驚きました。

しかも、ご本人たちは株式投資目的でそれらの銘柄を購入したり保有したりしているわけではないのでまったくの無頓着です。

逆に言えば、無頓着だったからこそ「株価が上がったから売ろう」などという考えもなく、25年間保有し続けた結果、億万単位の株主になっていたということなのでしょう。

ふと気づくと、セブン‐イレブンのオーナーさん以外にも、なんとなく持ち続けていたら資産が自然にできてしまった方々に多くお会いするようになりました。

そこで、「自分は何をわかったふうなことを言ってきたんだろう」と反省せざるを得なくなったのです。

自分や会社に入ってくる手数料のことを考えたら、お客様に短期で売買していただくのがいちばんです。

でも「そうじゃないだろう」ともう一人の自分が囁《ささや》くのです。お客様のことを本気で思うのならば、少しでもリスクのない、できるだけ安全かつ再現性の高い投資手法をおすすめすべきなのは明らかです。

こんな経験から、一般の個人投資家の方にとっては、長期投資という選択肢がベストだと考えるようになったのです。

「将来爆発する銘柄」は常に存在する

長期投資は再現性が高いと考える理由として、「全上場銘柄のうち2％は10倍以上になっている」ということが挙げられます。

このことは繰り返しいろいろなところで書いているので、これまでにも私の本を読んでくださった方は「もう聞き飽きたよ」と思われるかもしれません。

でも、何度でも繰り返し言いたくなるくらい大切なことだと考えていただければと思います。

これまで長年投資に関わり、富裕層の方々と接する機会の多かった私の経験上、「2%」というのは重要な意味を持つ数字なのです。

先日も、新聞でこんな記事を読みました。東京はニューヨークに次いで世界で第2位の富豪が多い都市だそうで、1億円以上のお金を使える人が約29万人いるそうです。

2023年9月1日時点の東京都の人口がおよそ1400万人ですから、そのうち29万人とすると約2%ということになります。

2022年の年末ジャンボ宝くじの1等・7億円が当たった確率は2000万分の1、1等の前後賞・1億5000万円が当たった確率は1000万分の1だそうです。

それに比べれば、保有している株が10倍になる確率が2%というのは、きわめて高いと思いませんか？

2％の確率で持株が10倍になる可能性を、株式投資をすることで誰もが平等に持つことができるのです。

リーマンショックのときでさえ、儲かった人がいるという事実

2008年に起こった世界的な金融危機・リーマンショックを覚えていますか？

リーマンショックは、アメリカのサブプライムローンという金利の高い住宅ローンが返済不能になったために、投資銀行であるリーマン・ブラザーズが破綻したことがきっかけとなって起こりました。

この影響で、2007年2月26日に18300円をつけた日経平均株価は、200

リーマンショック時の日経平均株価急落の動き

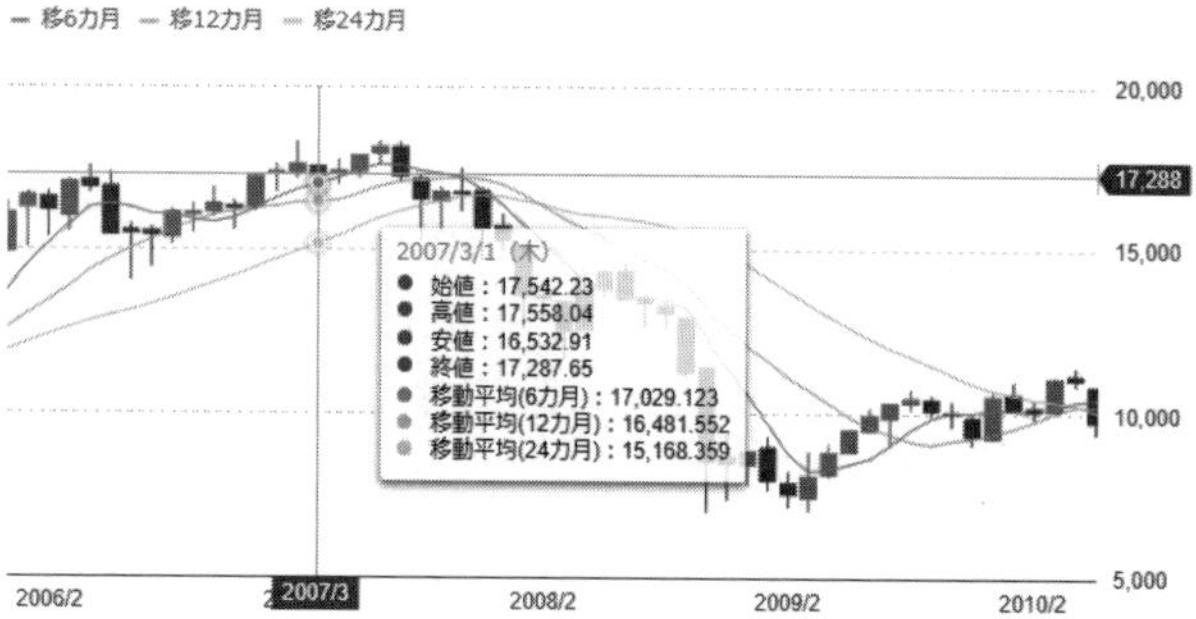

出典：Yahoo! ファイナンス 日経平均株価

8年10月28日には一時6994円まで急落します。下落率は実に62%です。

当時、まだ証券会社で営業マンをしていた私にとっては、悪夢以外の何ものでもありませんでした。もちろん多くの投資家の方々も大きなダメージを受けられたことでしょう。

ところがそんなにひどい時代であったにもかかわらず、中には株価が上がった銘柄も存在したのです。

全部で3000ある銘柄のうち、プラスで終わった銘柄が69銘柄、割合にすると2・3%もあったのですから驚きです。


また、リーマンショック後に日経平均株価の終値が最安値をつけた2009年3月10日の7054円98銭から、2018年1月までのおよそ9年間のデータを見てみたところ、日経平均自体は3・5倍に上昇。

さらには、株価が10倍以上になった銘柄（テンバガー）が約9・1%、5倍以上になった銘柄（ファイブバガー）が約27%もあることがわかりました。

長期的に見ると相場は繰り返す。今こそがチャンス！

株式投資を成功させるには、「買い」のタイミングが最も重要です。

先ほどの野村證券の例で見たように、高いときに買ってしまい、そのあとじりじりと下がっていくのであれば、はっきり言って低金利で悪名高い銀行預金に預けたほうが元本が減らない分だけまだましだった、という話になります。

その意味でも、投資の神様と呼ばれるウォーレン・バフェット氏が「これからは積極的に日本株を買う」と公言するほど、今の日本株は割安で放置されているということです。

株式投資の儲けの基本は極めてシンプルです。

①安い時に買って高い時に売る
②配当が出る株を購入し、保有期間中、配当収入を得続ける

この2つしかありません。

もしこの両方が満たされたら、それに越したことはありません。安く買った銘柄の株価が上昇していき、さらには企業業績が上がってより多くの配当を出してくれるようになったら御の字です。

日本株が実力に対して過小評価され、割安に放置されている今は、まさに株の買い時、株式投資の始め時といえるでしょう。


私が特に注目しているのは、1929年10月にウォール街の暴落から始まった世界恐慌から回復して、1964年1月に2倍の高値をつけたときのNYダウと、1989年12月に史上最高値をつけた後バブル崩壊とともに下落し、徐々に値上がりを続けてきた日経平均とを重ねたグラフです。

均のチャート比較

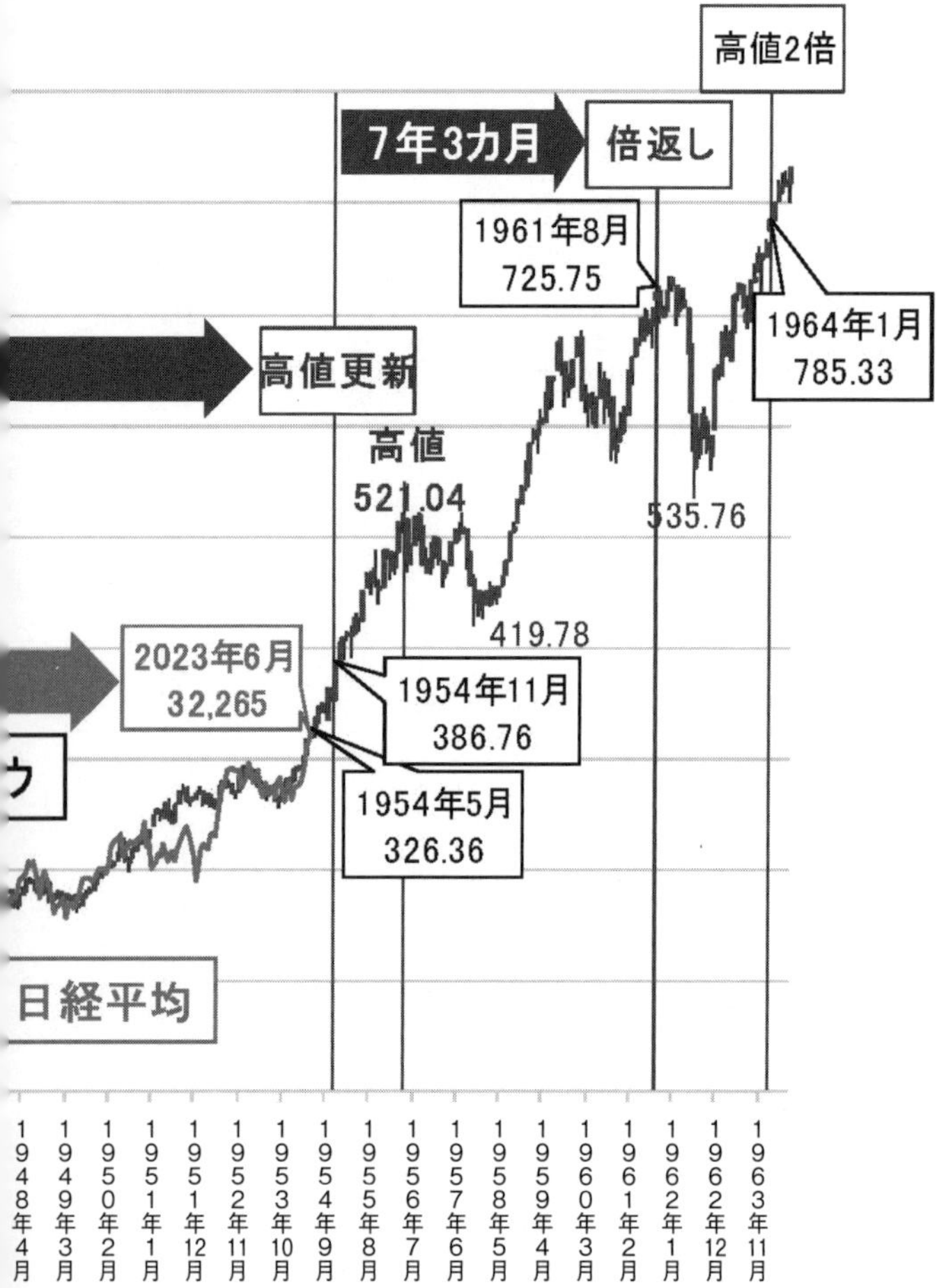

高値2倍
7年3カ月
倍返し
1961年8月
725.75
1964年1月
785.33
高値更新
高値
521.04
535.76
419.78
2023年6月
32,265
1954年11月
386.76
ウ
1954年5月
326.36
日経平均
1948年4月
1949年3月
1950年2月
1951年1月
1951年12月
1952年11月
1953年10月
1954年9月
1955年8月
1956年7月
1957年6月
1958年5月
1959年4月
1960年3月
1961年2月
1962年1月
1962年12月
1963年11月

NYダウと日経平

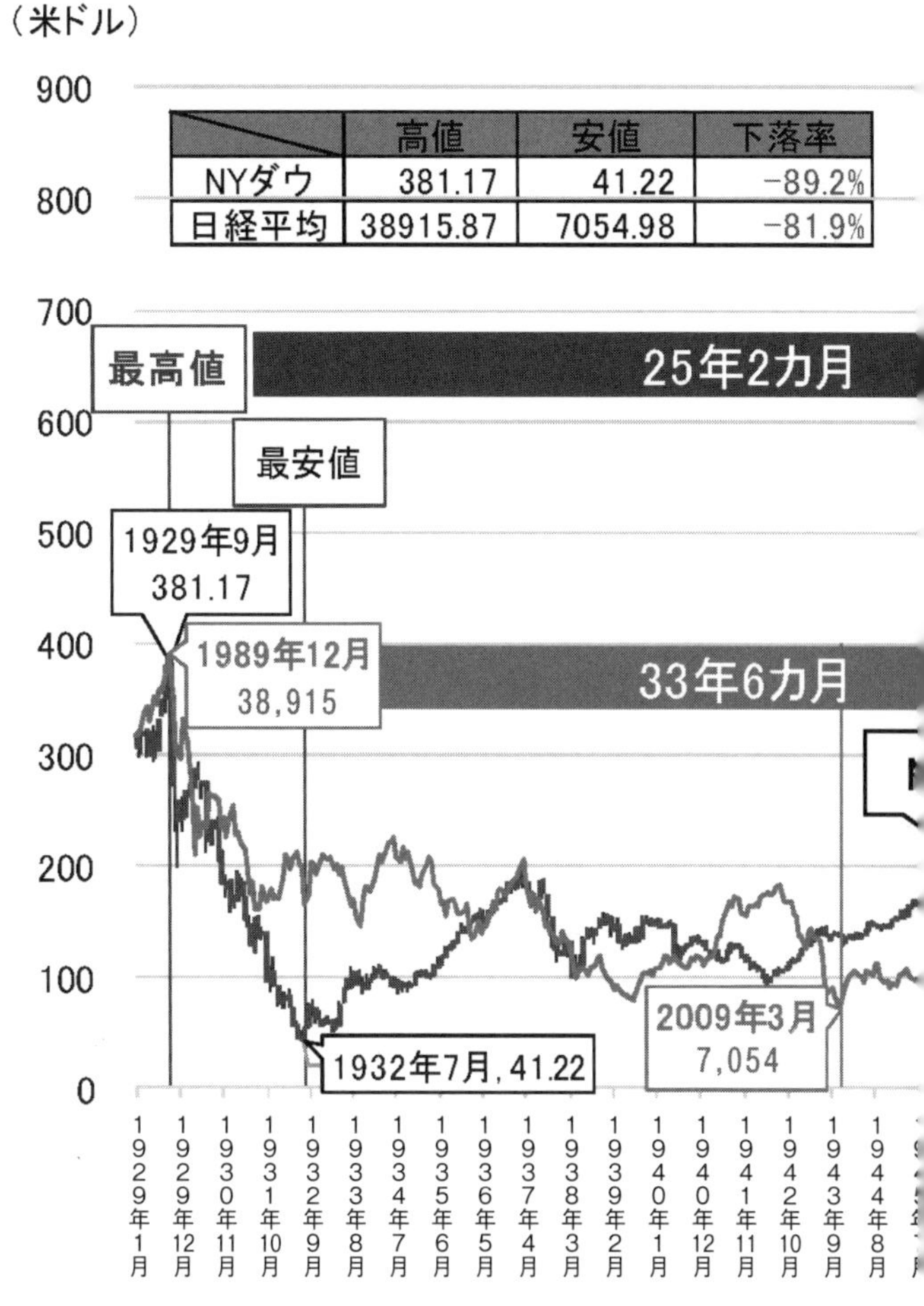

	高値	安値	下落率
NYダウ	381.17	41.22	−89.2%
日経平均	38915.87	7054.98	−81.9%

出典：複眼経済塾

そっくりな値動きをしていると思いませんか?

このようにチャートの形が似ることは、株式市場ではよくあることです。

「買い」のタイミングは14年に1度

そしてここがとても重要なのですが、実は株式を本当に買うべきタイミングというのはそう多くありません。

ウォーレン・バフェット氏にしても、株式を大量買い付けするのはリーマンショック後最安値をつけた2009年以来、14年ぶりのことなのです。

これは景気サイクルと一致しています。

「歴史は繰り返す」と言います。特に株式市場では好景気と不景気を繰り返しており、株価チャートが似たような形になることがしばしばあります。

そうしたことから、私はこれから日本株のビッグウェーブが起こるのではないかと予測しているのです。

14年に1度のビッグウェーブです。これに乗らない手はありません。

第2章

この知識さえあれば市場の先が見通せる

大きな数字を押さえることで、市場全体の規模が体感できる

長期的に伸びていく銘柄を見つけるには、広い視野が必要です。宇宙から地球を見て、さらに経済という側面から世界経済全体を俯瞰するイメージです。

その中で、今回投資の対象として取り上げている日本という国がどれくらいの位置にいるか、日本の産業構造を知り、さらにはこれから長期間にわたって成長していく分野は何だろうかと、ブレイクダウンしながら見ていきます。

そうした作業の中で各カテゴリーや個別企業同士の競合力の分析を行うことで、市場の先を読むことができるようになっていきます。

この章では「世界全体↓個別企業の絞り込み」までのブレイクダウンの流れについ

て解説していきましょう。

世界のGDPはどれくらい？

株式市場の先を読む上で、数字が大きな意味を持ちます。もちろん昨今の流れとして、個別の企業を評価する場合においては数字に換算できない企業価値が重要視されるようになってきてはいます。

とはいえ、それもまずは数字があればこそ。

とにもかくにも、最初に押さえておくべきは数字です。

私が主宰する複眼経済塾（投資スクール）の受講生の方々に、「まずはマーケットの規模を知るために、数字に着目してください」と繰り返しお伝えしているのも、「数字に触れる」「数字で規模感を知る」のは、株式投資をする上で避けて通れないことだからです。

それも大きな数字から順番に見ていくことが重要です。

世界で経済規模をはかるいちばん重要な数字。それはGDPです。

GDPとは、1年間など一定の期間内にそれぞれの国内で算出されたサービスや商品などを販売したときの価格から、原材料や流通費用などを差し引いた価値のことです。この価値は「付加価値」と呼ばれます。

各国が1年間に生み出した付加価値の総和が「世界のGDP」ということになります。つまりこの数字を見ることで、1年間に世界でどれだけの価値が生み出されているかがわかるというわけです。

さて、この世界のGDPですが、「世界」と名はついていても、すべての国が集計対象となっているわけではありません。現在のところ、集計可能な180カ国のGDPを合計したものになっています。

2023年5月2日の一般財団法人・国際貿易投資研究所（ITI）の発表によれば、2021年における178カ国の名目GDP（合計）は、前年に比べて14・1%増加して、その額は93兆9359億ドル。

世界のGDPの伸び率の推移

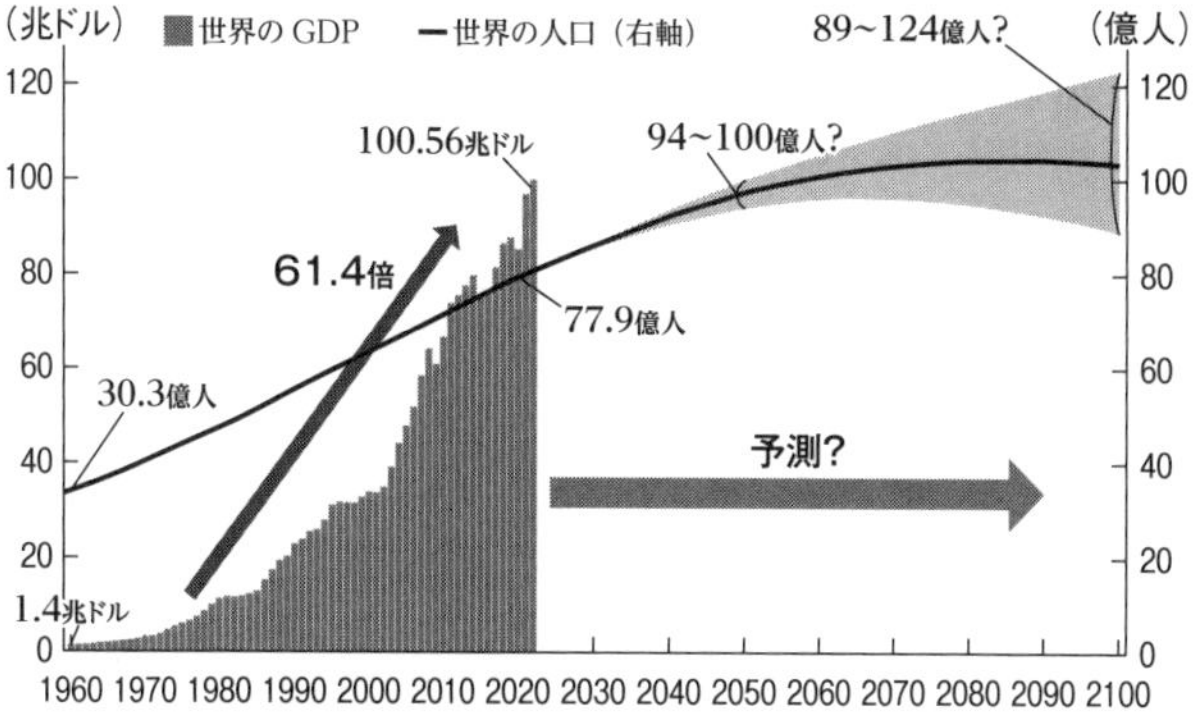

出典：The World Bank, GDP (current US$)、UN, World Population Prospects 2022をもとにSBクリエイティブ株式会社が作成
※世界人口の予測部分については、95%予測区間を使用

ドル建てだとピンと来ない人が多いと思うので、１ドル＝１４７円として日本円に換算すると、その額はおよそ１京《けい》３８００兆円となります。「兆」の次の単位、「京」です。「兆」までなら一応「すごい数」としてまだイメージできる範囲内ですが、「京」までくると大きすぎてわからなくなってしまいますね。

日ごろ大きな数字に触れている私も、「京」の単位の数字を目にするのは、世界のＧＤＰを日本円に換算したときくらいです。

世界のGDPと1年間の増加率について、何か感じたことはありますか？

できれば、ここで「そんなに多いのか」「そんなに増えているのか」と感じていただきたいところです。

なぜなら、「京」などという日ごろまったく目にすることもないような単位が出てくるほど、世界のGDPは大きいのですから。

その大きさをイメージできるくらい、これからいろいろな数字に触れていきましょう。

日本のGDPは何%を占めている？

世界のGDPのうち日本のGDPが占める割合は、為替の変動によって変わるものの大体5%前後です。

日本円にして550兆円、ドルベースでいえば4兆ドルとなります。

とはいえ、私はGDPの占めるパーセンテージ自体にあまり意味があるとは思っていません。

基軸通貨であるドル換算になっているので、円高になれば日本の国力が強くなり、円安になると逆に弱くなるわけですね。

そういう点からも、あまり意味があるとは思わないのです。

とはいえ、世界の中の日本の経済を見ていく上で欠かせない要素ではあります。評価はさておき、世界のGDPのどれくらいを占めているかは、押さえておきたいところです。

数字を押さえておくと「真実」が見えてくる

大きな数字を押さえておくことのメリットとして、情報に惑わされず自分の頭で判断ができるようになるということがあります。

たとえば私は、原油の減産のニュースが報道され、「さあ、大変だ！」というような話の運びになるたび、「わかってないなあ」と感じます。

サウジアラビアが1日あたり100万バレルの追加減産を発表したのを、さも石油危機が起こらんばかりに騒ぎ立てるのを見ると、鼻白むほどです。

ちゃんと日経新聞を読んでいれば元データが書いてあるのですが、実は現在の日量は1億バレルなのです。そうすると100万バレルということは、たった1％の減産に過ぎません。

そのため、100万バレル減産したところでさほど影響はないのです。

それにもかかわらず、そのような事実を知らないため、減産の発表があるたびに相場は大きく荒れます。そして石油関連株など一部を除き、相場は下がるわけですね。

でも元データを押さえていて、こうした事実を知っていればそんな騒ぎが起きて株価が下がったとき、買いを入れることができます。

だってたったの1％の減産で、実際はほとんど影響がないのですから。

もう1つ私が重要と思っている数字に、粗鋼生産の量があります。世界鉄鋼協会の2023年1月23日の発表によれば、2022年の世界粗鋼生産量（速報値）は前年比4・2%減の18億7850万トンだったとのこと。

このうち日本の生産量は、前年比7・4%減の8920万トンとなっています。

この数字が日本の産業の中でどのくらいの割合を占めているのか、年ごとにどう変化しているのかを見ることで、その産業の重要度やポジショニングが見えてきます。

世界の時価総額を巨視する

株式投資をする上で、時価総額も避けて通るべきでない数字です。

時価総額とは、現在の株価（時価）に発行済株式数をかけて求める数字で、企業を評価する上で重要な指標となります。時価総額が大きいほど企業価値が高いと評価されます。

世界の時価総額＝世界中の上場企業の時価総額の総和ということになります。その金額は、2023年6月末時点で約105・9兆ドルでした。前年末に比べて8・3兆ドル増え、前年比伸び率は8・5％です。1ドル＝147円として円に換算すると、およそ1京5500兆円となります。

先ほど私は、世界のGDPを合計すると日本円で1京3800兆円になるとご説明しました。それに対して、世界の時価総額は1京5500兆円です。

つまり、世界が1年間に生み出す付加価値よりも世界の時価総額の方が大きいということになります。


世界の時価総額のうち、トップに位置しているのは米国市場の46・7兆ドルで44・1％を占めています。

日本は中国に次ぐ第3位で5・9兆ドル。全体に占める割合は5・6％という結果

世界主要市場の株式時価総額(2023年6月末)

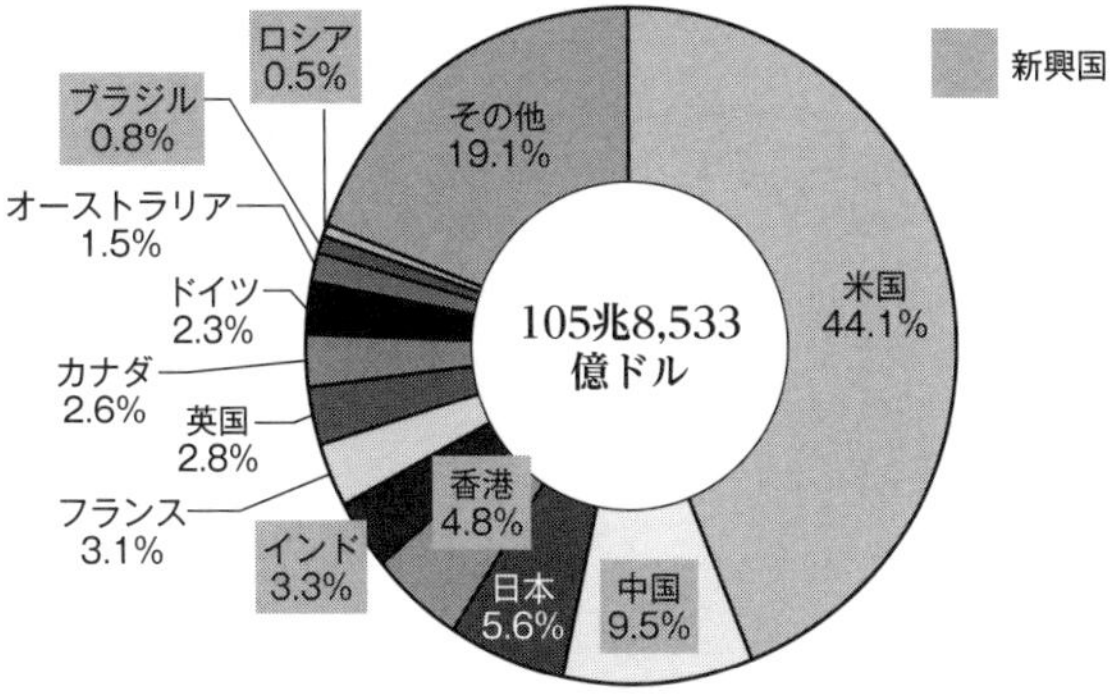

世界の株式時価総額の上位銘柄(2023年6月末時点)

順位	銘　柄	国	時価総額(億ドル)
1位	アップル	米　国	30,509
2位	マイクロソフト	米　国	25,321
3位	サウジアラムコ	サウジアラビア	20,805
4位	アルファベット	米　国	15,279
5位	アマゾン・ドット・コム	米　国	13,375
33位	トヨタ	日　本	2,609

出典：岡三証券「外国株式投資の魅力」をもとにSBクリエイティブ株式会社が作成

になりました。

世界の時価総額はどれくらいなのか、前年に比べて増えているのか減っているのか、そのうち日本は何%を占めているのかなど、大きなデータを押さえておくようにしましょう。

日々の保有銘柄の値上がりや値下がりに一喜一憂していては、株式投資の本当の面白さはわかりません。

「木を見て森を見ず」ということわざがあります。1本1本の木にばかり注意を向けていると、森全体が見えない（＝森本来のダイナミズムが味わえない）ということと私は解釈しています。

株式投資についても同じことが言えるのです。

森全体が見えるからこそ、個々の木の特徴やよさがわかるということもあるでしょう。この森にはこういう特徴を持つこの木が必要なんだな、という理屈もわかってきます。

それと同じことが世界のGDPを知ることと、自分の保有する銘柄が世界全体の中でどういう役割を果たしているのかを知ることの関係についても言えるのです。大きな視野に立って、大局的に世界経済を見ることができるようになればなるほど、株式投資の意義や面白さがわかってきます。

世界の負債を俯瞰する

さて、世界の時価総額ときたら、次に世界の負債（債務残高）を見ないわけにはいかないでしょう。

世界の債務残高とは、各国が発行する公債や民間債務の総額のことを言い、IMF（国際通貨基金）の世界債務データベースで確認することができます。

世界債務は2020年、新型コロナウイルスによる景気後退の影響で、第二次世界

世界の債務残高の推移

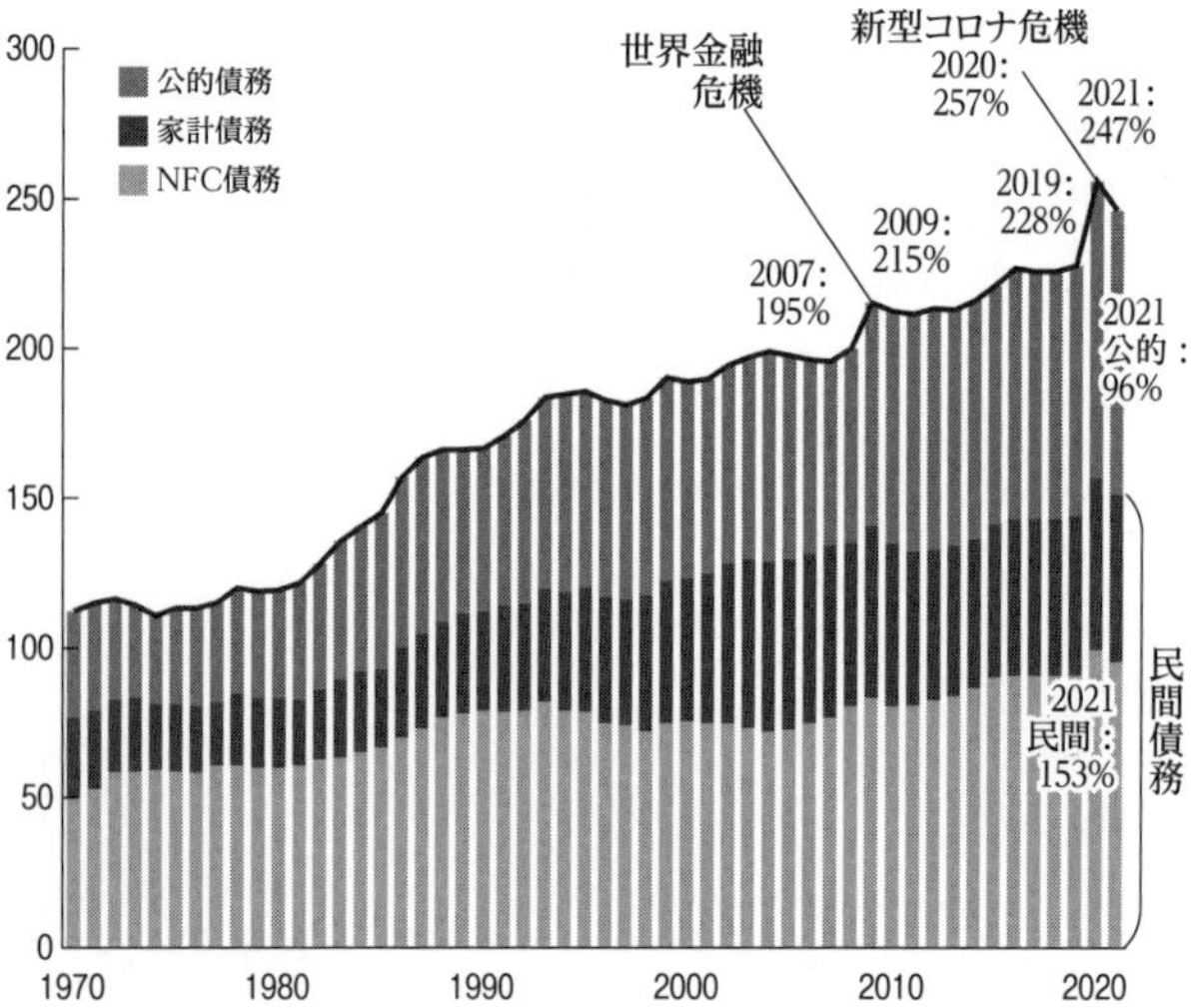

出典：IMF世界債務データベース、IMF職員の計算
※世界債務の対GDP比率の試算は、各国のGDPを米ドルで加重したもの
※NFC＝非金融企業

大戦以降最大の増加額を示しました。

ロイターの報道によれば、国際金融協会（ＩＩＦ：Institute of International Finance）が公表した２０２３年第二・四半期末時点の世界の債務残高は、過去最高の３０７兆ドルに達したそうです。

世界の債務は23年上期に10兆ドル増加し、過去10年で１００兆ドル増えたそうで、世界のＧＤＰに対して３３６％の水準に達したとのことでした。

世界の時価総額に世界の負債、この２つの大きなデータから世界経済がどういう動きをしているかが見えてきます。

日本の産業の規模感を知ろう

２０２３年６月末時点では、世界の時価総額のうち日本は世界3位。５・９兆ドルで、全体の5・6%を占めています。

では、その世界3位の日本の株式市場には、どんな産業がどれくらいの事業規模で存在しているのでしょうか?

まずは、日本の株式市場に上場している業種別の規模感を見ていきましょう。

産業の分類は、経済産業省によるものと東洋経済新報社が発行している『会社四季報』では異なりますが、この本には上場企業を対象とした各産業への理解を深めるという目的があるため、『会社四季報』の分類である東証33業種に従ってご説明していきます。

『会社四季報』の巻頭ページには毎号、「業種別 業績展望」というページがあります。これがとてもわかりやすいので、ぜひ一度見てみてください。

以下、この章で取り上げる売上や営業利益などの業績は、すべて『会社四季報』2023年秋号に掲載されているものを使用します。

『会社四季報』では日本の産業を製造業と非製造業、別枠で金融の3つに大きく分類しています。その売上高の比率は製造業が49％、非製造業が43・4％、残り7・6％が金融業です。

売上高自体だけを見ると、非製造業の卸売業がいちばん大きくて約123・7兆円近くです。

ところが、売上に対して本業による儲けであるところの営業利益は、4兆7852億円とそれほどでもありません。というのも、仕入れて販売するため売上の規模は大きくなりますが、本当の付加価値（利益）は「売上－仕入れ」の差額ということで小さくなるわけです。小売業も同様の理由で、売上に比べて本来の付加価値はそう大きくありません。

非製造業の営業利益でいちばん大きいのは、情報・通信業の7兆822億円ですが、この数字を鵜呑みにはできません。というのも、ソフトバンクグループのベンチャー投資のビジョンファンドの運用成績によって、兆単位で営業利益の数字が上下にぶれてしまうからです。

種別 業績展望」

原則として「前期」は2022年7月期～23年6月期、「今期」は23年7月期～24年6月期、「来期」は24年7月期～25年6月期の企業を集計。 なお「前期」に含まれる23年2月期以前には収益認識基準強制適用で売上高が大きく目減りしている場合がある

「前号比増減率」は今号集計企業についての前号掲載時点における予想との比較。「営業利益 今期予想合計額」の「前号比増減率」がプラスまたは黒字化、つまり上方修正されている業種の名称は赤色で掲載。「PBR」は株価純資産倍率、「PER」は株価収益率のそれぞれ平均値で、株価や算出方法は「会社四季報の見方・使い方」の「株価指標」欄を参照

経常利益		前期比増減率(%)			純利益		前期比増減率(%)			株価指標		
今期予想合計額(億円)	前号比増減率(%)	前期実績	今期予想	来期予想	今期予想合計額(億円)	前号比増減率(%)	前期実績	今期予想	来期予想	PBR(倍)	PER(倍) 今期予想	PER(倍) 来期予想
22,727	(2.7)	9.9	7.6	7.3	16,110	(4.0)	1.7	13.6	0.1	1.97	41.0	27.8
3,106	(1.7)	▲12.8	16.9	17.1	1,995	(1.4)	▲21.6	27.1	18.4	0.93	20.3	20.5
2,549	(5.0)	▲55.9	95.7	8.9	1,683	(5.3)	▲84.6	479.9	10.4	0.58	10.4	9.2
37,318	(▲7.9)	▲7.9	▲6.3	22.6	25,602	(▲7.6)	▲10.0	0.1	21.2	1.16	20.5	15.7
18,318	(4.0)	21.1	▲3.4	6.3	14,110	(3.5)	22.2	▲4.1	6.7	3.05	56.5	38.1
6,113	(0.0)	▲49.8	▲19.2	19.0	3,511	(▲0.1)	▲52.1	▲25.9	19.3	0.75	11.4	9.1
7,700	(9.3)	1.9	22.2	5.7	5,433	(11.2)	▲21.3	21.7	3.0	0.83	20.5	13.9
6,509	(▲0.5)	▲33.0	30.7	14.6	4,279	(▲3.5)	▲48.2	68.4	14.5	1.28	13.3	14.4
14,333	(3.0)	▲1.8	▲7.6	13.4	9,579	(8.3)	0.8	▲19.9	11.0	0.59	9.3	8.8
5,496	(2.7)	▲21.5	▲21.0	15.1	3,585	(4.4)	▲29.8	▲21.9	13.1	1.03	18.1	15.6
4,748	(0.8)	3.3	▲1.5	19.6	3,234	(0.7)	▲11.3	6.3	13.2	0.69	14.5	12.9
36,665	(5.0)	11.8	12.0	6.3	24,967	(4.9)	14.6	9.1	6.1	1.13	19.9	15.1
80,687	(0.6)	5.9	0.2	9.8	57,924	(1.8)	▲0.5	4.3	7.3	1.45	20.6	17.2
100,678	(14.3)	2.7	27.5	5.1	66,977	(15.1)	▲1.8	28.4	5.2	0.85	14.0	11.5
8,948	(3.0)	9.7	▲1.8	6.9	8,872	(2.7)	24.5	16.5	▲19.6	14.50	19.8	40.9
13,012	(4.7)	▲5.1	▲1.6	▲5.0	9,257	(4.3)	▲9.8	▲5.4	▲5.4	1.18	21.2	18.4
368,913	(4.3)	▲0.6	7.1	9.1	257,125	(4.9)	▲4.4	9.1	6.7	1.75	21.7	18.0
933	(11.4)	▲6.2	6.9	▲1.1	654	(11.1)	▲5.1	12.3	▲0.2	1.44	25.0	28.9
12,657	(▲4.3)	115.8	▲20.0	▲1.0	3,954	(▲2.0)	158.1	▲27.7	▲0.7	0.72	8.5	9.5
20,990	(2.0)	4.8	▲1.2	9.4	14,719	(1.7)	12.3	2.5	7.2	1.05	13.7	11.9
20,213	(8.0)	赤字化	黒字化	▲13.3	15,127	(8.3)	赤字化	黒字化	▲14.2	0.82	11.0	11.7
19,030	(11.2)	365.7	28.4	9.7	13,379	(11.7)	409.8	10.4	5.2	1.27	19.5	17.3
6,106	(8.3)	10.3	▲77.3	6.2	5,847	(4.8)	6.6	▲77.3	4.7	0.75	26.3	19.6
3,512	(59.7)	黒字化	106.6	13.0	2,469	(58.0)	黒字化	87.9	13.5	1.74	10.2	9.1
1,801	(1.7)	12.8	▲17.2	5.4	1,283	(1.7)	21.7	▲17.6	▲0.0	0.78	11.1	10.8
70,283	(1.1)	9.4	29.1	7.1	47,062	(1.3)	43.1	60.1	7.7	4.08	53.2	36.8
68,681	(2.4)	18.8	▲11.5	▲0.3	50,276	(2.5)	19.6	▲12.3	▲0.8	1.26	24.1	14.4
30,725	(3.4)	12.9	8.1	8.7	17,442	(0.2)	11.9	6.7	13.1	3.42	40.9	27.4
20,023	(4.2)	13.4	6.0	9.3	14,255	(5.1)	11.3	12.9	6.5	1.72	20.4	17.5
25,129	(▲2.0)	▲18.7	12.0	14.1	14,636	(▲1.9)	▲14.2	4.9	18.4	4.19	31.8	21.7
300,088	(3.0)	17.7	5.3	4.9	201,109	(3.2)	24.3	5.7	4.6	3.00	33.8	23.8
669,001	(3.7)	6.9	6.3	7.2	458,234	(4.2)	6.6	7.6	5.8	2.50	29.0	21.5
53,557	(0.1)	▲2.5	16.1	5.5	40,210	(0.9)	4.1	11.2	4.7	0.40	9.7	9.1
4,545	(10.5)	▲59.6	63.9	3.4	2,830	(10.2)	▲65.5	45.2	3.9	1.10	24.4	19.8
21,134	(▲0.1)	▲37.6	75.4	3.1	14,265	(▲0.1)	▲48.0	105.0	3.2	2.30	16.8	13.6
12,599	(0.4)	1.8	10.0	8.0	9,110	(0.2)	▲1.9	20.0	10.4	1.92	13.5	13.1
91,837	(0.5)	▲14.5	26.8	5.2	66,416	(0.9)	▲14.4	26.1	5.1	1.02	14.4	12.7
760,838	(3.3)	4.2	8.4	7.0	524,651	(3.7)	3.8	9.6	5.7	2.43	28.3	21.1

数値を優先。ただし、決算期変更企業、連結決算方式変更企業、上場企業の子会社は除く。銀行、保険の営業利益は集計していない　**2023年4集**

『会社四季報』「業

［業種別］業績展望>>

業種	集計社数	売上高 今期予想合計額（億円）	前号比増減率（%）	前期比増減率（%） 前期実績	今期予想	来期予想	営業利益 今期予想合計額（億円）	前号比増減率（%）	前期比増減率（%） 前期実績	今期予想	来期予想
食料品	116	300,657	(▲0.2)	11.3	5.5	4.4	22,563	(2.9)	9.5	10.9	7.7
繊維製品	47	61,500	(▲1.1)	10.8	3.8	5.5	2,889	(0.7)	▲7.6	19.8	18.4
パルプ・紙	24	60,394	(▲0.2)	11.7	6.5	4.2	2,484	(0.5)	▲55.3	115.8	13.0
化学	202	459,377	(▲1.7)	12.1	1.2	5.5	36,312	(▲10.2)	▲6.8	▲4.7	25.6
医薬品	70	140,862	(2.1)	14.4	1.9	3.8	19,229	(2.5)	12.8	1.7	7.2
石油・石炭製品	10	254,177	(▲0.0)	36.7	▲10.8	23.0	6,304	(▲0.0)	▲50.6	▲14.8	18.8
ゴム製品	17	77,045	(1.8)	23.6	6.1	4.6	7,583	(4.8)	2.1	23.2	9.5
ガラス・土石製品	52	84,040	(▲0.8)	15.0	4.7	4.9	6,442	(▲3.8)	▲32.7	35.1	16.2
鉄鋼	37	206,316	(▲1.4)	18.1	6.5	5.8	13,936	(2.6)	▲5.1	▲4.9	15.3
非鉄金属	32	129,360	(▲0.2)	10.5	▲0.1	3.3	5,236	(▲0.4)	▲12.5	▲19.2	14.2
金属製品	92	89,848	(▲0.4)	13.9	3.7	4.2	4,438	(▲2.9)	5.4	1.5	24.6
機械	214	379,459	(1.2)	15.4	4.9	4.5	36,769	(3.7)	18.1	14.7	7.8
電気機器	230	910,166	(0.9)	12.1	▲0.0	4.0	78,324	(▲0.5)	6.7	1.5	10.6
輸送用機器	79	1,213,721	(4.1)	19.8	10.5	3.7	86,616	(16.4)	5.8	35.3	6.6
精密機器	48	65,734	(0.5)	10.1	4.8	4.8	8,857	(1.3)	10.3	▲0.7	8.6
その他製品	104	116,805	(0.5)	6.0	2.3	2.8	12,075	(1.3)	▲8.4	4.0	0.2
製造業	1,374	4,549,464	(1.2)	15.9	3.7	5.3	350,063	(3.2)	0.4	9.9	10.8
水産・農林業	12	24,323	(1.1)	12.1	2.5	2.1	854	(5.5)	▲4.2	10.4	4.3
鉱業	6	26,957	(▲4.1)	72.6	▲11.7	▲1.3	10,970	(▲10.3)	113.6	▲19.9	0.2
建設業	152	360,969	(0.2)	10.2	6.1	4.7	20,746	(1.8)	5.7	2.8	9.7
電気・ガス業	25	345,205	(▲2.9)	43.4	▲1.3	▲6.1	17,671	(7.2)	▲67.9	1,244.4	▲8.1
陸運業	59	228,875	(0.5)	17.0	7.4	3.9	20,617	(10.4)	366.8	33.4	9.0
海運業	11	50,998	(▲0.7)	20.7	▲11.3	3.4	3,753	(4.7)	42.1	▲33.3	7.4
空運業	5	39,288	(1.4)	79.3	21.5	10.3	3,859	(46.9)	黒字化	103.5	11.8
倉庫・運輸関連業	36	24,370	(▲0.1)	6.8	▲3.5	3.9	1,605	(1.8)	12.3	▲16.8	6.6
情報・通信業	538	509,803	(0.6)	6.8	4.0	3.9	70,822	(0.8)	92.6	21.1	6.7
卸売業	299	1,236,760	(0.8)	15.9	▲3.4	0.8	47,852	(3.9)	24.5	▲11.5	▲1.7
小売業	309	654,899	(1.1)	9.6	5.1	4.8	30,549	(2.5)	17.1	15.9	9.8
不動産業	135	174,682	(▲0.1)	7.2	8.2	7.6	21,631	(1.5)	11.8	8.0	8.8
サービス業	488	353,030	(0.2)	6.8	3.5	3.2	19,041	(▲3.1)	▲9.2	21.7	20.5
非製造業	2,075	4,030,161	(0.3)	14.5	1.6	2.4	269,977	(2.5)	41.4	14.7	6.0
金融を除く全産業	3,449	8,579,625	(0.7)	15.2	2.7	3.9	620,040	(2.9)	14.5	11.9	8.7
銀行業	77	295,402	(0.1)	36.7	▲2.9	3.3	—	(—)	—	—	—
証券業	36	26,540	(2.7)	24.7	5.3	3.8	4,104	(10.6)	▲61.1	62.0	5.9
保険業	11	280,352	(▲0.0)	12.5	▲4.5	3.1	—	(—)	—	—	—
その他金融業	34	100,529	(0.0)	5.0	7.0	6.9	11,459	(0.2)	15.6	11.5	8.2
金融	158	702,825	(0.1)	20.9	▲2.0	3.7	—	(—)	—	—	—
全産業	3,607	9,282,451	(0.7)	15.6	2.3	3.9	635,604	(2.9)	13.5	12.1	8.7

2023年 4 集　『会社四季報』今号掲載企業で、今期・来期の予想および実績２期分がそろっている企業の業績を集計。実績・予想とも連結決算の

出典：『会社四季報』2023年4集秋号

※許諾番号2023-095：東洋経済新報社が記事利用を許諾しています

日本経済は製造業がけん引している

非製造業のこうしたもろもろを割り引いて考えると、日本は非製造業ではなく、製造業で成り立っている国ということがご理解いただけるのではないでしょうか。

製造業のうち、特に中心的な存在として日本を支えている業種を見ていきましょう。売上トップ3は、1位が輸送用機器（自動車）の約121兆円、2位が電気機器の約91兆円、3位が化学の約46兆円です。では、本業で稼いでいる金額がわかる営業利益はというと、1位が輸送用機器の8兆6616億円、2位が電気機器の7兆8324億円、3位が機械の3兆6769億円となります。

産業のバリューチェーンの考え方を知ろう

これで日本経済に大きな影響を与える業種がわかりました。しかし、これだけでは横断的な知識を得られただけにすぎません。

現実の社会では、さまざまな業種が複合的に絡み合った結果、消費者にサービスという形で届けられます。個別の業種の数字を見るだけでは、そうした実態は見えてきません。

たとえば、金融は資金調達という点でどの業種にも関わってきますし、商社は材料調達で多くの業種に関わります。

横断的知識ではなく、実態に即した産業構造は、企業の事業活動を価値創造のための一連の流れとしてとらえる「バリューチェーン」という考え方をするとわかりやすくなります。

この考え方を提唱したのはアメリカの経済学者マイケル・ポーター氏で、「バリュー＝価値」「チェーン＝連鎖」であるところから、日本語では「価値連鎖」と訳されます。

企業の事業活動は、原材料の調達から製造、流通、販売、さらにはアフターサービスまで多岐にわたります。それぞれの事業活動がさまざまな役割を担い、価値を創出しているわけですが、こうして生み出された付加価値は、個々の事業活動が生み出した価値を単純に足し算したものではありません。

それぞれが複雑に絡み合って生み出された連鎖（＝チェーン）による価値（＝バリュー）というのが、バリューチェーンの考え方です。

次ページの「産業の構造（バリューチェーン）のイメージ図」を参照してください。

まず、原材料を原産国から輸入したものが素材メーカーに流れていきます。そこではたとえば鉄板や鉄骨になったり、化学製品を作るための基礎製品になったりします。これらが部品メーカーや、製品製造のための機械製造、もしくは加工・組み立てを担う工場に流れていき、小売を通じて消費者に届けられます。

日本の場合、これらの過程のほぼすべてに卸売が入っており、この図はそこまでの一連の流れに卸売や物流、そして金融が関わっているということを示しています。

これがバリューチェーンの考え方です。

消費者のところに来る前の段階まではすべてB to B（企業間取引）なので、私たちの

産業の構造（バリューチェーン）のイメージ図

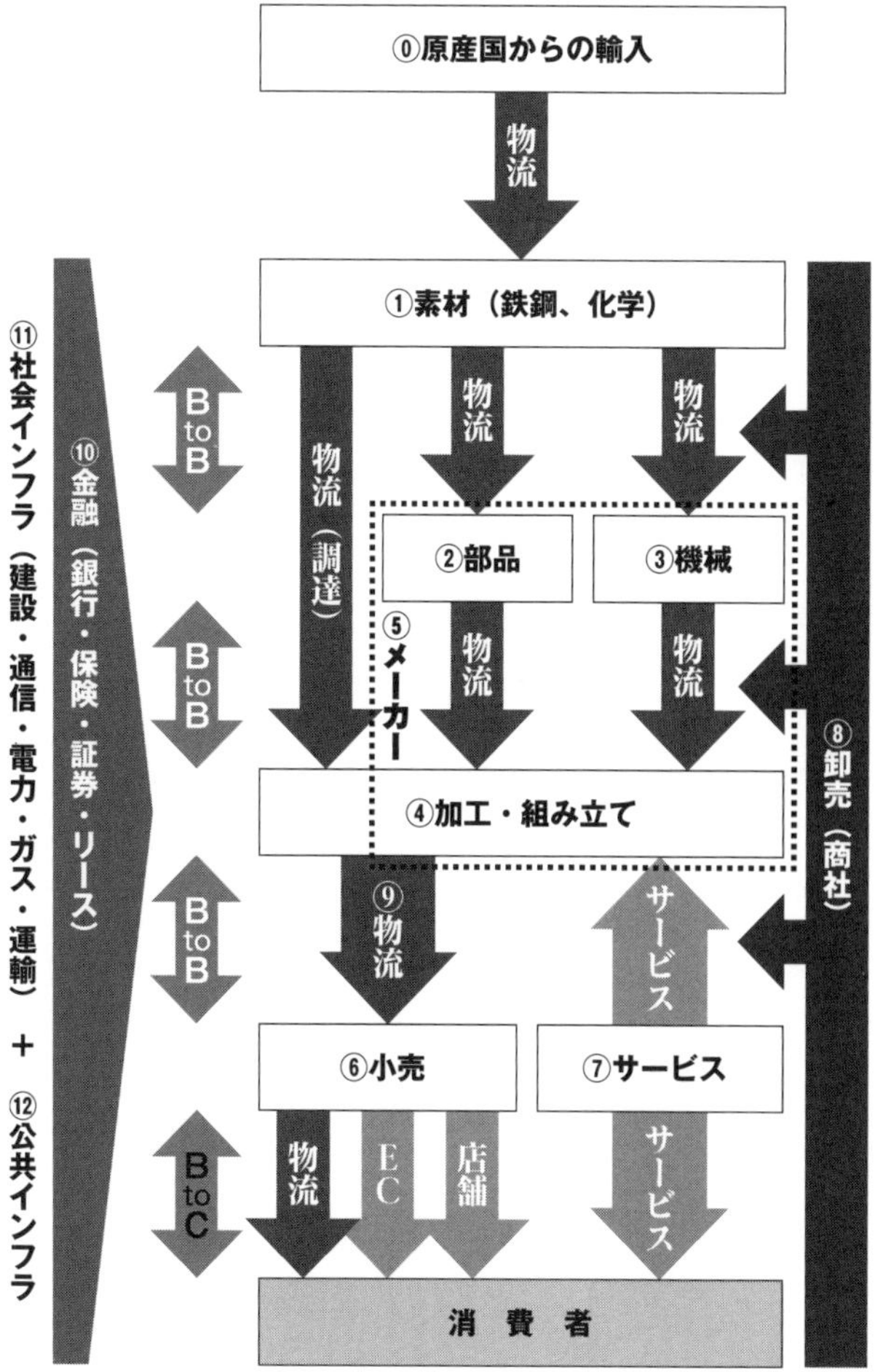

出典：複眼経済塾

目には見えていませんが、こうした構造になっています。日本では、BtoBの間には専門商社と呼ばれる商社があり、ほぼすべての工程に関わってきます。

これらすべてをお金の面から支えているインフラが、金融というわけです。

どの業種・どの会社もお金を調達したり借りたりしなければなりませんし、資金調達のために株を発行したりすることもあるでしょう。保険をかけて損害に備える必要もあります。またリース会社から機械を借りるなど、あらゆるところに金融が関わってきます。

さらに、大枠として社会インフラというのもあります。

陸運での流通には道路が必要ですし、道路には信号がつきものです。もっと基本的なことでいえば、通信が使えないとビジネスが成立しません。電気がなければ回っていかないという現実があります。

建設や通信、電気、ガスに始まり、警察、役所などの公共インフラも日本の産業を支えているのです。

「ど真ん中の産業」は時代によって変わる

こうして産業社会を俯瞰して見ていく習慣を身につけると、どこに投資するのが自分にとって適切なのかを理解する手がかりになります。

第1章でもお伝えしたように、投資先の選定はきわめて重要です。

たとえば、あなたが20年後を投資のゴールにしたいと考えていたとしましょう。ということはつまり、あなたがこれから投資先として選ぶ会社は20年間存続することを前提条件としなければいけないことになります。

株式市場は常にさまざまな要因で変化しているので、あなたの保有する銘柄がずっと右肩上がりで、業績と株価がともに上がり続ける可能性は0に近いでしょう。業績が悪い時期があるのはやむを得ませんが、最低限、あなたが掲げる投資のゴールまでその会社が存在しなければ、投資する意味がなくなってしまいます。

もっとも株式投資をするのに、1社に全財産を投資するような人はいません。分散投資が基本ですから、複数社の株式を持つことになるでしょう。

でも投資先を20銘柄に分散したとしても、20年後にはそのうちの10社が倒産などでなくなっていたということがあってはならないわけです。

大切なのは、時代を作るような「ど真ん中の産業」がどの業界なのかを見極め、そこから投資先を決めていくことです。

なぜ渋沢栄一は一時代を築くことができたのか

歴史に名を残すような資本家はみな、この「ど真ん中の産業」の、それこそど真ん中に存在していました。だからこそ成功を手にできたのですね。

たとえば日本で初めて銀行を設立し、500以上の企業の設立・運営に関わり「日本資本主義の父」と呼ばれる渋沢栄一氏（以下、渋沢と表記します）は、養蚕を営む農家の出身です。

1840（天保11）年生まれの渋沢は、家業であった畑作や当時のポピュラーな染料であった藍玉の製造・販売、養蚕などを手伝いながら、学問にも励みました。

ここが大きなポイントです。

横浜の税関に残されている明治時代の輸出の統計データをひもとくと、面白いことがわかります。

1870（明治3）年の輸出データでは、生糸や蚕の卵が付着した蚕卵紙など、蚕糸関係が70％を占めているのです。つまり当時の生糸というのは、今でいうトヨタ自動車くらいのインパクトがある産業だったわけです。

当時の生糸生産のトップランナーは、群馬県に渋沢が設立した富岡製糸場でした（渋沢は設置主要人物5人のうちの1人）。渋沢は実家が養蚕業を営んでいたので、日本が世界と勝負できるのはこれだ！　と確信を持っていたのでしょう。

運も味方してくれたと思います。ヨーロッパにおける生糸市場はフランスが独占していたのですが、伝染病によって蚕が激減。そのタイミングで日本が取って代わることになったのです。

渋沢に天賦の才と並々ならぬ努力をする能力があったことは間違いないのですが、

日本の資本主義の黎明期に産業のど真ん中にいられたということも、偉業を成し遂げられた大きな要因だったのではないでしょうか。

なお、富岡製糸場が群馬に作られたことは、鉄道の敷設にも影響を与えました。日本で最初に鉄道が通ったのは、1872（明治5）年。新橋と横浜を結ぶ官営鉄道でした。横浜の港に物を運ぶため、交通網の整備は必須だったからです。

養蚕地の群馬県へ向かう鉄道路線の建設は、私鉄の日本鉄道が担いました。1885（明治18）年までに開通した前橋～赤羽～品川（のちの高崎線・赤羽線・山手線）は、品川～横浜間を走る官営鉄道と合わせて、当時の主要輸出商品だった生糸や絹織物の産地と輸出港を結ぶ路線となり、日本の産業発展に大きく貢献しました。

主要産業の変遷をたどる

近代日本を支えたのは生糸に代表される繊維産業ですが、「おごる平家は久しからず」と「平家物語」にもあるように、不変ではいられませんでした。繊維革命とも呼ぶべきイノベーションが起こったのです。

1935年、アメリカの化学メーカーであるデュポン社が、石炭と水と空気から作られるナイロンの合成に成功してしまいます。ナイロンは「鋼鉄よりも強く、クモの糸より細い」をキャッチフレーズに、女性のストッキングに使われるようになりました。

高価で破れやすい絹のストッキングにナイロンストッキングが取って代わるのに、そう時間はかかりませんでした。

また同時に、生糸を上回る勢いで綿織物が輸出上位に浮上してきます。

日本で近代的な工業として綿織物業が盛んになったきっかけは、豊田自動織機の創業者である豊田佐吉による1890（明治23）年の人力織機、1896（同29）年の木製動力織機の発明です。

すでに日本各地に存在していた様式の紡績工場から良質の綿糸が供給されたこともあって、明治初期には輸入に多く頼っていた綿織物の生産数は急ピッチで上昇します。

このような他の繊維の台頭もあり、日本の主要産業である生糸はナイロンの登場と入れ替わるようにして、1934年以降は輸出額1位から陥落します。

繊維の主役は、綿や化学繊維に取って代わられることになったのです。

イノベーションが起こった結果、時代が大きく移り変わっていったわけです。

社会が「何かの出現」で変わるタイミングをつかむ

このように、何かが出現することで世の中がガラリと変わる経験を私たちもしてきています。

まずは、インターネットの登場です。

とはいえ当時、人々のライフスタイルをひっくり返すほどのものになると、みんながみんな思っていたわけではないでしょう。

インターネットにアクセスしやすくなったとは言っても、通信速度はそう速くもなかったですし、当初の認識としては事務作業が便利になったとか通信手段が増えたくらいに考えていた人が多かったと思います。

ところが回線が整備され、つながりやすさが向上し、インターネットショッピングが便利だと多くの人が気づいたころから、インターネットは私たちの生活になくてはならないものになりました。

ですから、インターネットの登場時点ではAmazonに投資するのが大正解だったわけです。

インターネットサイトの運営会社やパソコンを製造している会社ではなく、その登場によって世の中をどう変えるサービスが出現するか、その流れにいちばんうまく乗れるのはどの会社か、というところに目をつけることが必要なのです。

私はよく「風が吹けば桶屋が儲かる的な発想が大切」と言っているのですが、これがまさにそうです。

Amazonは、世界中の人の買い物の仕方を変えたと言っても過言ではありません。それくらいインパクトのあるサービスを、インターネットを利用して提供し続けているということですね。

ただ、繰り返しになりますが、Amazonが出てきた段階で、ここまでインパクトを与えるものになるとは、おそらく多くの人は考えていませんでした。

そこに気づいた人が、Amazonへの投資で利益を手にすることができたということです。

「ドットコムバブル」の教訓を活かす

現在、大きなイノベーションとなっているのはＡＩ関連です。

今、市場はＡＩの話題でもちきりで、その関連本もたくさん出版されています。

歴史的な転換点であり、インターネットの初期のころのようにさまざまな分野に影響が及ぶだろうと専門家も指摘しています。

ただ、そのころの歴史的な教訓も私たちは忘れてはいけません。

インターネット初期というと、1997〜1998年あたりです。そのあとにITバブルが起こりました。

当時、IT関連株が爆上がりしていたことから「ドットコムバブル」とも呼ばれていました。「.com」がついたものでありさえすれば、なんでも株価が上がったのです。

では今、それらが残っているかというと、ほとんど残っていません。私の記憶では2005年ごろにはもうほとんどなくなっていたと思います。

それゆえに、AIの技術を利用して生き残っていくものはどんなものなのかを見極めなければいけません。

私はAIがさらに発展して産業ロボットと結びつくことで、人間にしかできないスキルに到達する未来が来るのではないかと思っています。

たとえば手術の名医の手の動きや、長年の経験と勘に裏打ちされた耕作技術、食に関するプロのノウハウを蓄積した生成AIが搭載されたロボットのようなものができ、各産業に投入されていくイメージです。

ある特定の一人だけが持っている技術やノウハウはその人が亡くなったら途絶えてしまいますが、その技術なりノウハウなりを継承できるロボットが開発されれば、その産業の維持につながっていきます。

そうなったとき、農業や伝統工芸などの未来は明るいものになるのではないでしょうか。

日本語を自由自在に操れる生成ＡＩが勝つ

ＡＩの進出を阻止するすべはもう人間にはないでしょう。どこかで必ずその波に呑み込まれると考えておいたほうがいいと思います。

「人間にしかできないものが生き残っていく」という価値観も、くつがえされる時が来るかもしれません。

いささか悲観的に感じられるかもしれませんが、そんな時代だからこそ、各産業を通して日本の魅力や底力を再発見、そして再検討すべきなのではないかと思っています。

まず事実として日本、特に東京は、世界で最も魅力的な観光都市の1つだということが挙げられます。円安も後押しとなって、日本を訪れる外国人観光客の数はコロナ前の水準に戻りつつあります。

2023年2月16日の日経新聞の記事によれば、コロナが本格化する前の2019年、世界一の観光都市だった香港の外国人観光客の数は5991万人でした。しかし、8割が中国本土からの観光客で、それ以外からの訪問客は1100万人でした。一方、東京には同じ時期ですでに3000万人の外国人観光客が訪れていました。

次の表は、2022年と2023年の日本を訪れた外国人の数を比較したものです。

2023年1~7月の訪日外国人の数は、2022年の約65万人に対し、およそ20倍の約1300万人となっています。

2023年 訪日外客数・出国日本人数(対2022年比)

2023年 8 月16日（単位：人）

月	訪日外客数			出国日本人数		
	2022	2023	伸率(%)	2022	2023	伸率(%)
1	17,766 (649)	1,497,472 (1,308,606)	8,328.9 (201,534.2)	74,982	443,105	490.9
2	16,719 (999)	1,475,455 (1,297,458)	8,725.0 (129,775.7)	46,932	537,705	1,045.7
3	66,121 (3,371)	1,817,616 (1,582,518)	2,648.9 (46,845.1)	70,678	694,292	882.3
4	139,548 (6,166)	1,949,236 (1,738,172)	1,296.8 (28,089.6)	129,168	560,183	333.7
5	147,046 (7,308)	1,899,176 (1,656,118)	1,191.6 (22,561.7)	134,013	675,603	404.1
6	120,430 (12,405)	2,073,300	1,621.6	171,529	703,259	310.0
7	144,578 (30,315)	2,320,600	1,505.1	277,945	891,600	220.8
8	169,902 (31,441)			386,412		
9	206,641 (42,108)			319,165		
10	498,646 (326,699)			349,557		
11	934,599 (773,983)			379,196		
12	1,370,114 (1,252,391)			432,193		
1～7	652,208 (61,213)	13,032,900	1,898.3	905,247	4,505,700	397.7
1～12	3,832,110 (2,487,835)			2,771,770		

出典：日本政府観光局(JNTOJNTO)プレスリリース
「訪日外客数(2023年7月推計値)」をもとにSBクリエイティブ株式会社が作成
※(　)内の値は観光客数

もうあと5年もすれば、1億人近くになるのではないかと私は見ています。

日本の観光業に大きな期待が持てるのは、間違いのない事実でしょう。

それを後押しするのが、日本発の日本語対応生成AIになるのではないかと思うのです。

ご存じの通り、日本語はあまたある言語のうちでも習得が難しい外国語です。そして日本人は、世界の共通語とされている英語があまり得意ではありません。

今、外国人観光客のニーズは細分化され、大都市以外の地方にまで目が向いていますが、そこで課題となってきたのが言語の問題でした。

それを解決するのが、日本人の手による日本語対応の生成AIです。

前著『会社四季報の達人が全力で選んだ10倍・100倍になる！ 超優良株ベスト30』（小社刊、2022年）にも書きましたが、近年、東京駅八重洲口から兜町にかけての再開発が進められています。

私は、ここにアジア一の金融センターができるのではないかとにらんでいます。

ＡＩを活用して膨大なデータを東京に集めるデータセンターが作られれば、アジアの金融センターとしてこれほどふさわしい場所はないでしょう。

大量のデータ送信で大きな役割を担う日本製の光海底ケーブル中継器

データ集積について触れたついでに、海底ケーブルの話をさせてください。

なぜ海底ケーブルなのか？　それは日本は島国のため、海外との国際通信の99％を光海底ケーブルが担っているからです。現在使われている海底ケーブルは光海底ケーブルと呼ばれるもので、光ファイバーというガラス製のごく細い透明な線が束ねられ、周囲が保護された状態になっています。

光ファイバーは、光の点滅はスピードが速いことから、一度に大量の信号を送ることができます。

一方で、光信号は大陸間の数千キロを減衰なしに一気に到達するのが難しいため、数十キロごとに光信号を増幅させる中継器を設置しなければなりません。

この重要な役割を担う光海底ケーブルの中継器の重要部品において、シェアの50%以上を握っているのが、滋賀県にある湖北工業（6524）という会社です。すぐれた技術を持つ会社で、他にも電気自動車向けのリード端子の分野では実に60%以上のシェアを誇っています（95%とする説もあり）。言い方を変えれば、湖北工業のリード端子がなければ世界中で電気自動車を作ることができなくなるということです。

私は湖北工業の製造現場を見学させてもらったことがありますが、本当に地味で地道な作業をしていました。

製品製造に使う金属の線を延々と煮沸洗浄するのですが、風呂桶状の水槽がずらっと並んでいて、そこに次々と金属線を入れていくのです。徹底的に不純物を取り除き、純度を高めるために必要な工程なのだそうです。

社長もいかにも実直そうな方でした。地味な作業をどれだけ地道に、そして実直にやれるかが、製品作りに直結しているのだと改めて感じました。

京都にロームや村田製作所ができた理由

ところで金属と言えば、日本にはカスタムLSI首位のローム（6963）という会社や、セラミックコンデンサーで世界トップのシェアを誇る村田製作所（6981）という電子部品大手の会社があります。

いずれも京都で生まれた会社で、微細な電子回路をつくる技術や金属の薄膜を加工するなどの技術を持っていますが、これには理由があるのです。

京都は寺町なので、仏教建築や仏具の装飾に必要な、微細な金属加工や金属磨きの技術が集積されていたという地域性があります。

そうした伝統・歴史があって、しかるべき産業が生まれてくるわけです。

AIで健康管理をする日がやってくる

AIと結びつくことで多くの人に活用されるのではないかと予想されるのが、健康管理の分野です。

予防医学が大切と言われて久しいですが、あまり広がりを見せているとは言えません。その遅れている部分にAIを使って参入することで、大きなマーケットが形成できる可能性があると思います。

なんと言っても人間は体が資本です。老若男女を問わず、健康管理ほど大切なことはないでしょう。

たとえばスマートウォッチが、今から食べようとしているものを認識し、AIが

「この食べ物のエネルギーは○キロカロリー」「栄養素は△が□ミリグラム」と判断したりして、そのデータ集積で「最近、亜鉛が不足しているので、明日は牡蠣か牛赤身肉、豚レバーのいずれかを◇グラム食べるといいでしょう」と提案してくれたりするものはどうでしょうか。

すでに、衛生陶器シェア6割のＴＯＴＯ（5332）が、排せつすると自動的に健康測定をしてくれるウェルネストイレの開発を表明し、数年以内の実現を目指すと発表しています。

ＡＩと健康管理が結びつくことで、将来的には医者いらず、薬いらずの日がやってくるかもしれません。

家にいながらにしてみんなが自主的・主体的に健康管理をするようになれば、病気の人も寝たきりの高齢者も減り、大きな医療費負担から解放されるようになっていくでしょう。

なんとも夢のある未来だと思いませんか？

第3章　市場の先を読むために必要なスキル

投資の三種の神器は「新聞」「指標ノート」「会社四季報」の3つ

第2章では、数字を見ていくことの大切さについてご説明しました。

続くこの章では、銘柄選定をする上で欠かせない市場の先を読むのに必要なスキルを身につけるための、具体的なノウハウをご紹介していきます。

一般の方が株式投資をするにあたって、「これだけは活用していただきたい」と考えているものが3つあります。

それは、「新聞」「指標ノート」「会社四季報」です。

新聞は株式投資をする人であれば言わずもがな、まずは日本経済新聞でしょう。ただ、私自身は1社のみから情報を得るよりも、複数社の新聞に目を通しておきたいという気持ちがあるので、あわせて東京新聞も購読しています。

投資の三種の神器

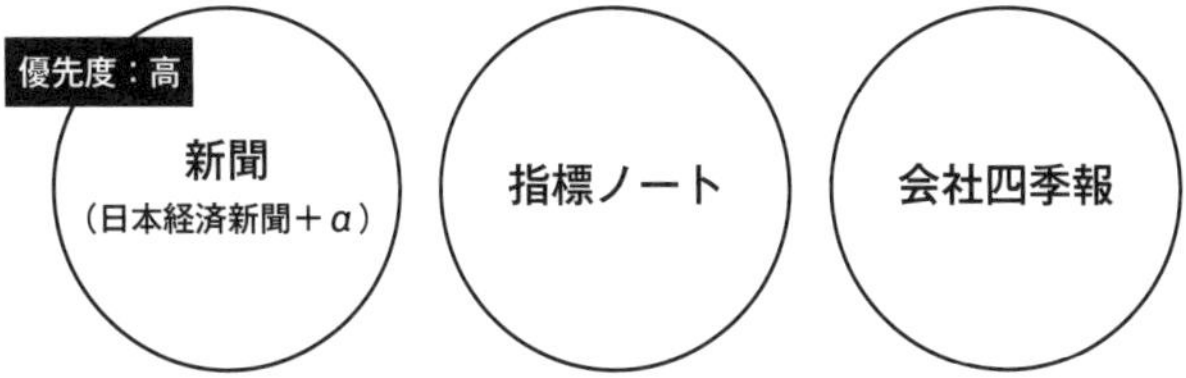

指標ノートとは、日ごとの株式市場の主要な指標を、ノートの見開きに1カ月分が収まるように記したものです。何か特別なできごとがあればそれも記しておきます。『会社四季報』は東洋経済新報社が四半期ごとに発行する、全上場企業の情報データ集です。株式投資をする人であれば、誰でも一度は手にしたことがあるでしょう。

私がこの3つを活用するようになったのは、野村證券に入社して8年目の1998年、日本橋の本店営業部に異動になった時、先輩の竜沢さんからすすめられたのがきっかけでした。

当時の私には、自分なりに分析して値上がりすると思った銘柄をお客様におすすめするものの、結果としては損ばかりさせてしまっているという思いがありました。

入社年が1990年で、入社後すぐにバブルの崩壊に見舞われ、日本では「失われた20年」と呼ばれる底なしの不況が続くという不運もありましたが、そんな中でも上がる銘柄は上がるし、株式投資で大きな利益を手にする人はいつの時代もいます。

どうせ営業マンをやるのならば、お客様の喜ぶ顔が見たいですし、自分自身も胸を張って「証券営業をしています」と言いたいという気持ちもありました。

ちょうど結婚をするタイミングだったこともあり、「今、本気にならないでいつ本気になるんだ！」と自分に喝を入れ、竜沢さんに教えていただいたことをすべて実践しようと思ったのです。

ダメ営業マンから敏腕営業マンに変わるには、今しかチャンスがない！　という思いでした。

第一優先順位は「新聞」

これら株式投資の三種の神器は、どれも重要で投資家には欠かせないものですが、「優先順位をつけるとしたら何から始めればいいですか？」と聞かれたら、私は「まず新聞を優先しましょう」と答えます。

それくらい新聞を読むことは大切なのです。

「え？　今どき新聞？」と思う人も多いことでしょう。新聞の購読者数がどんどん減り続けていることはしばしば話題になります。一般的に言って、新聞は「オワコン（終わっているコンテンツ）」なのは確かです。

でも、株式投資を志すのであれば、そんなことは言っていられません。

なぜならば、こんなに役に立つ情報ソースはないからです。

もしもあなたが本気で株式投資で一財産を築きたい、そのためにこれからどんどん売上と利益が上がり、株価が何倍にもなるような業界や銘柄を予想できるようになりたいと考えているのならば、新聞を「オワコン」などとは言っていられないはずです。

それくらい新聞は役に立つツールなのです。

新聞購読が「紙」に限る理由

日経新聞にも電子版があります。デジタル文化に浸かっている人ほど紙を嫌い、すべてデジタルですませようとしますが、こと日経新聞に限っていえば「紙でなければ意味がない」と思ってください。

理由は、紙面の持つ「一覧性」にあります。

デジタルの記事だと、自分が興味を持ったジャンルにしかアクセスしようという気にはならないでしょう。関心のないものをわざわざ見ようとはしないものです。

ところが紙面となると、そうはいきません。いったん紙面を開くと、さまざまな見出しが一斉に目に飛び込んできます。あなたに興味があろうとなかろうと、書かれていることが目に入ってしまう。

そこが大事なのです。

情報の切り抜きは紙でなければ行えない

もう1つ、紙でなければならない理由があります。

気になる記事をセレクトして切り抜いておく必要があるからです。これもまた「なんとアナログな」とお思いでしょう。

ところが、実は「紙で残す」がいちばん確実なのだそうです。先日、テレビで危機管理についての特集をやっていました。今、さまざまなインターネットのサイトやサービスで、IDやパスワードを求められます。

覚えられないからという理由でつい同じパスワードを使い回したくなりますが、もちろんそれはNGです。専門家が言うには、パスワードはできるだけ全部変えて、そ

著者による「新聞切り抜きノート」

ノートの厚みが年月を物語っている
出典：著者提供

の控えをパソコンやスマホ内でなく「紙で残すのがいちばん確実」なのだとか。

パソコンやスマホなどの端末内だと、アクセスできない事態に陥ったり、故障したりしたときにどうにもできないから、というのがその理由でした。

結局のところ、最後に行き着くのは紙。長い歴史がそれを物語っています。紙で残されてきた資料があるからこそ、私たちは過去のできごとを知ることができているのです。

紙至上主義の私にとっては「わが意を得たり」という言葉がぴったりです。

「なんだ、古いだのアナログだの言われて

も、やっぱり紙がいちばんじゃないか」と溜飲を下げた私です。

……とこれは余談になってしまいました。

話をもとに戻すと、日経新聞の購読はデジタルではなく紙である必要があります。

なぜなら、切り抜いてセレクト情報集を作るためです。

それができるようになるために、ステップを踏んで日経新聞の読み方、活用の仕方に慣れていく方法をご紹介しましょう。

ステップ1
特定の漢字に注意しながら新聞の見出しを読むことに慣れる

新聞が世間的に見てアナログな媒体になりつつあるとはいえ、ビジネスマンに限っ

見出しに登場する要チェックワード

①「**年**」……用例：○○年以来

②「**ぶり**」……用例：○年ぶり

③「**初**」……用例：初めての○○、初年度、日本初

④「**最**」……用例：最高、最低、最大、最長

⑤「**新**」……用例：新技術、更新、新たな取り組み

⑥「**発**」……用例：発見、発明、日本発、発表

⑦「**転**」……用例：転換、反転、転機

⑧「**改**」……用例：改革、改正

⑨「**脱**」……用例：脱○○、脱退

ていえば読んでいる人は多いと思います。

実際、複眼経済塾に入塾される方のほとんどは新聞購読者です。今、この本を手にしているあなたも「ちゃんと新聞を読んでいる派」かもしれません。

でも、ここで意地悪な質問をさせてください。

あなたはその新聞をきちんと読んでいると言えますか？　読んだ内容をしっかり理解し、自分の知識としていると断言できますか？　さらにはそこで得た知識を活用して、何かの判断基準にすることを習慣化できていますか？

さあ、どうでしょう？

日本経済新聞の見出しの実例

- 「NY債券、長期債横ばい　10年債利回り4.53%、一時16**年ぶり**高水準」（2023年９月27日）

- 「**新**NISAで投信の複利効果　分配金再投資で**最大**化」（2023年９月27日）

- 「IEOルールで**改革**案、仮想通貨業界団体が公表」（2023年９月26日）

- 「**脱**『冷温経済』へ私的懇談会　経財相、若手専門家と」（2023年９月26日）

出典：日本経済新聞公式サイト（最終閲覧日：2023年9月27日）

ギクリとした方が少なからずいるのではないでしょうか。

新聞はサラッと読むだけ読んでも意味はありません。これまではともかくとして、株式投資を志した今この瞬間からは、株式投資をする上で大切なこれから伸びるマーケットの見極めや銘柄選定につながるような読み方をするようにしましょう。

そのためには、まず見出しを見た瞬間に特定の文字が目に入るようにならなければなりません。これは意識すればすぐにできるようになります。

その特定の文字とは、「年」「ぶり」「初」

「最」「新」「発」「転」「改」「脱」の9つの言葉です。

これらの言葉はすべて変化を表しています。見出しにこうした言葉が含まれているということは、すでに変化が起こっている、あるいは起こりつつあることを意味します。産業界の変化があるところでは、必ず株式市場の変化も起こります。

まずは、これらの言葉を含む見出しに注目するようにしましょう。しばらく続けていれば、向こうから目に飛び込んでくるようになります。

ステップ2 「これは重要だ！」と思う記事に印をつけておく

新聞は、株式市場の動きを予測する上で貴重な情報源です。しかし、活きた情報として活用できるようになるまでは、まだいくつかのステップがあります。焦らずに1つ1つ進んでいきましょう。

ステップ1は、要注意ワードを含む見出しが目に飛び込んでくるようになることでした。

次にしていただきたいのが、そうした語句が含まれた見出しのうち、特に重要そうなものに印をつけておくことです。これがステップ2になります。

マーカーなどで見出しに線を引いたり、記事を囲むようにしたりすると後から識別しやすくなります。

もしかしたらマークした記事が1日あたり10とか20など、かなりの数に上るかもしれません。それでもOKです。

この段階では数のことは気にしないで、自分のアンテナに引っかかったものを全部マークしていきましょう。

新聞は読み終えたらポイっと新聞回収袋に入れたり、紙ごみ類と一緒の場所に置いたりする人が多いと思います。

でも、これからはそういう扱いはしないようにしてください。マークした新聞には、あなたが株式投資で成果を上げるためのヒントが詰まっています。もしかしたらそのヒントによって、10年後、あなたは大きな資産を築いているかもしれません。

それに新聞の活用はこれがほんの始まりです。

マークした新聞は処分したりせず、1週間分くらいをまとめて、すぐに取り出せる場所に置いておいてください。

ステップ3
1週間分を見返して「1日あたり3記事」に絞り込む

ステップ3では、1週間分の記事の振り返りをします。

そのために週に1度、1週間分の新聞記事を見直す時間を作ってください。最初のうちはちょっと時間がかかるかもしれませんが、ここが我慢のしどころです。

さて、あなたの目の前には1週間分の新聞の束があります。マークの入った新聞です。1日のマーク数は10から20くらいはあるでしょう。

その中から、特にこれは重要なニュースだと思われるものを1日につき3つだけ選んで切り抜いていきます。

最初のうちは、3つに絞ることが難しく感じられることでしょう。そこをあえてやってください。

もしかしたら絞り込んだ記事が、特定の分野に偏っているかもしれません。でもそれはかまいません。

ある分野に偏るということは、あなたの関心がそこにあるか、すでにあなた自身がその分野に精通している可能性が高いからです。

「よくわからないものには手を出さない」というのが株式投資の鉄則です。裏を返せば「投資するならわかるものにしておくべき」ということになります。

ある特定の分野に偏った切り抜きは、あなたの現在地を示しています。さらにその分野への関心と知識を深める入り口になります。

切り抜きに日付を入れる

さて、1日あたり3つの切り抜きをする上で忘れてはならないことがあります。

それは切り抜きに日付をいれておくということです。バラバラになった記事には日付が入っておらず、いつのものだったかがわからなくなってしまいます。これでは意味がありません。

なぜ切り抜きをするかというと、時系列に沿ってノートに貼り、あなただけの特別な株式投資の参考資料集を作るためです。

つまり、日付がはっきりわかることが前提なのです。3つの切り抜きには、必ず日付を入れておくようにしましょう。

私は、事務用の日付が変えられるスタンプを使っています。3つずつ日付を変えながらポンポン押していくだけなのでとても楽です。

切り抜き用ノートに貼る

セレクトした3つの記事といえども、そのままにしていては資料として使いづらく役に立ちません。

となると、これを資料として活用する手はただ1つ。これまたアナログではありますが、切り抜いた記事を時系列に沿ってノートに貼っていくのです。

私は、A4サイズで200ページある厚めの大学ノートを使っています。新聞の切り抜きを貼っていくわけですから、どんどん厚みが出てパンパンに膨れ上がっていきますが、ノートの厚さに比例するように、情報の濃度も高まっていくのを実感できます。

というのも、経済は絶え間なく動き、流れを変えていくものです。長いスパンで見ることによってその流れが鮮明に見えてくるからです。


私は、切り抜きノートに関しては1年につき1冊と決めています。つまり、この1冊に私がその年重要と思った経済ニュースが詰まっているわけです。

また私の場合、新聞の切り抜きも本業であるため、1日につき3つ以上の記事を切り抜くことが多いですが、1冊に収めるために、切り抜きをたたんで小さくしたり、重なるように貼り付けたりして省スペース化を図り、1ページに複数の切り抜きを貼り付けています。

株式市場にインパクトを与えるようなできごとがあったとき、このノートを見返してみると「このときに感じた違和感が、今の事態につながっているのか」と納得できることが多いです。

切り抜きノートを使って勘を研ぎ澄ますトレーニングを

ここでちょっと基本的なことに立ち戻ります。みなさんは新聞でニュースを読むとき、どんな読み方をしていますか?

要は中身が理解できればそれでいいわけですが、中学生のとき英語の授業で習った「5W1H」を明確にすることを意識しながら読むようにすると、頭に残りやすくなります。

- いつ…when
- どこで…where
- 誰が…who
- 何を…what

・なぜ…why
・どうした…how
どの会社がいつどこで何をどうしたのか。新聞の役割は客観的な事実を読者に伝えることです。そのため、各新聞には5W1Hが客観的に書かれています。

大切なのは、その客観的事実をあなた自身がどう解釈し、経済の先行きを予測するのに役立てるかです。

そのトレーニングをするのに、切り抜きノートはとても役に立ちます。切り抜きノートに貼られた記事は、あなたが「今後日本の株式市場にインパクトを与えるだろう」と予測した内容になっているはずです。

その結果を、あなたはいずれ知ることができるでしょう。

どんな時期にどんな場所で、どこの会社が何を使ってどういうことをしようとしているのか。その事実が社会に与えるインパクトとして、どのようなことが予想しうるか。その結果、株式市場にどう影響してくるか。

ここまでを予測して、あとから答え合わせをするイメージです。

こんなふうに新聞記事を先行き予測トレーニングに使うことで、新聞購読のコストパフォーマンスが何十倍、何百倍にもなり、あなた自身の洞察力・直感力を磨くことにもつながっていきます。

指標ノートを作って相場の流れを数字で実感する

日経新聞を読み始めたら、ぜひあわせて行っていただきたいのが「指標ノート」作りです。

指標ノートとは、その名の通り代表的な株式市場の指標となる指数とその日に何が起きたかのコメントを書きつけたデータ集です。このまとまったデータが株式市場の分析におおいに役立ちます。

たとえば最近の株価の動きが、何年か前の動きとよく似ていると感じたとしましょう。そんなときにこの指標ノートの該当ページを開けば、一目瞭然で当時の相場が数字で出てきて、その時何が起こったのかがわかります。

指標ノートは見開きで1カ月分を一覧できるように作ってあるので、前後の株式指標まですぐに確認できるのです。

今はインターネットでなんでも調べることができる時代です。ネットには膨大なデータがアップロードされていて、いつでも誰でも閲覧可能です。

とはいえ、〇月〇日の「あの指標とこの指標とその指標を同時に見たい」と思った場合、そう都合よく同時に見ることは難しいでしょう。

個別のデータはすぐに調べがつくけれども、一覧することはできないのです。

データの一覧性という点において、指標ノートほど優れたツールはないと断言できます。

指標ノートを手書きする理由

日経新聞の記事セレクト集もアナログな作り方をしますが、指標ノートはさらに上をいきます。

データを手書きするのはもちろん、ノートの罫線も自分で引いているのです。エクセルを使えばこれくらいの表は、ものの数分で簡単にできてしまいます。数字だって打ち込んでしまえば見やすいかもしれません。

そこをあえて手書きするのには理由があります。

数字をデータとして打ち込むよりも、自分の手を使って書くことで数字の感覚がつかみやすく、記憶に残るからです。

たとえば、日経平均株価が昨日に比べて500円値上がりしたとしましょう。その一方で、NYダウが20ドル値下がりしたような場合、数字を手で書き込むことで、昨日記入したときに「明日はこうなるんじゃないか」と予想したときのことが思い出せるのです。

書きの「指標ノート」

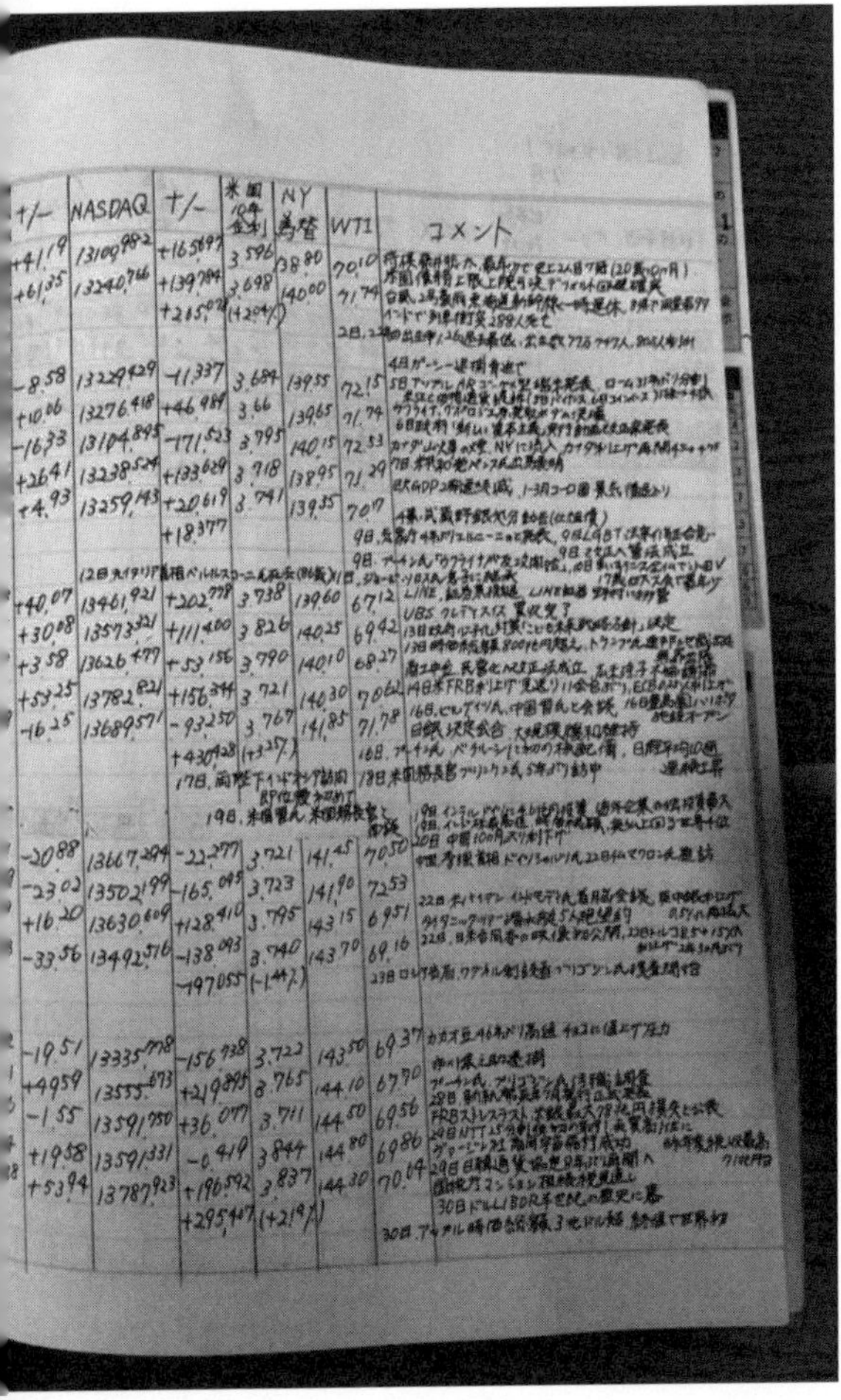

著者が書き溜めた手

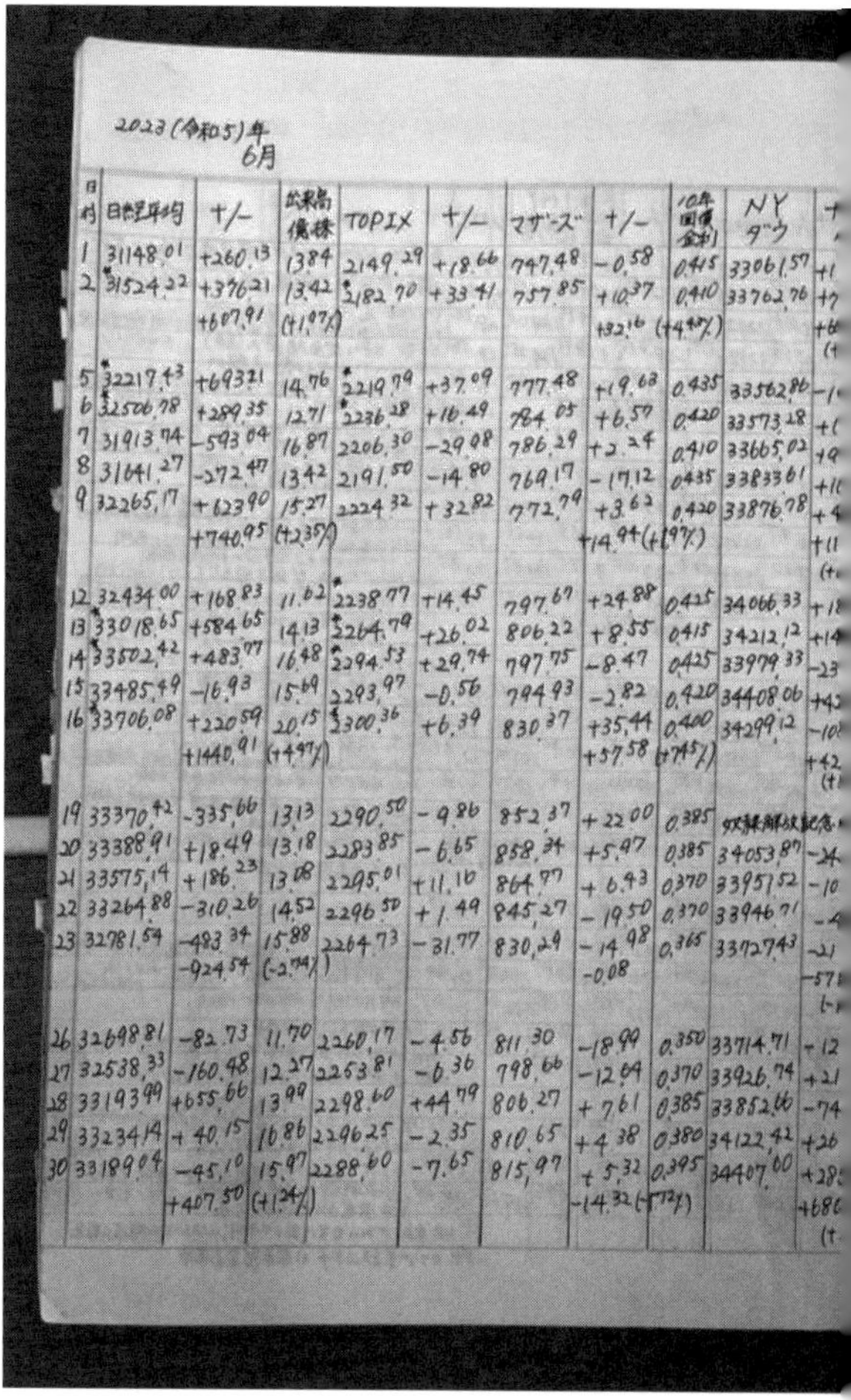

2023(令和5)年
6月

日付	日経平均	+/−	出来高億株	TOPIX	+/−	マザーズ	+/−	10年国債金利	NYダウ
1	31148.01	+260.13	13.84	2149.29	+18.66	747.48	−0.58	0.415	33061.57
2	31524.22	+376.21	13.42	2182.70	+33.41	757.85	+10.37	0.410	33762.76
		+607.91	(+1.97%)				+32.16	(+4.40%)	
5	32217.43	+693.21	14.76	2219.79	+37.09	777.48	+19.63	0.435	33562.86
6	32506.78	+289.35	12.71	2236.28	+16.49	784.05	+6.57	0.420	33573.28
7	31913.74	−593.04	16.87	2206.30	−29.98	786.29	+2.24	0.410	33665.02
8	31641.27	−272.47	13.42	2191.50	−14.80	769.17	−17.12	0.435	33833.61
9	32265.17	+623.90	15.27	2224.32	+32.82	772.79	+3.62	0.420	33876.78
		+740.95	(+2.35%)				+14.94	(+1.97%)	
12	32434.00	+168.83	11.62	2238.77	+14.45	797.67	+24.88	0.425	34066.33
13	33018.65	+584.65	14.13	2264.79	+26.02	806.22	+8.55	0.415	34212.12
14	33502.42	+483.77	16.48	2294.53	+29.74	797.75	−8.47	0.425	33979.33
15	33485.49	−16.93	15.69	2293.97	−0.56	794.93	−2.82	0.420	34408.06
16	33706.08	+220.59	20.15	2300.36	+6.39	830.37	+35.44	0.400	34299.12
		+1440.91	(+4.47%)				+57.58	(+7.45%)	
19	33370.42	−335.66	13.13	2290.50	−9.86	852.37	+22.00	0.385	奴隷解放記念
20	33388.91	+18.49	13.18	2283.85	−6.65	858.34	+5.97	0.385	34053.87
21	33575.14	+186.23	13.08	2295.01	+11.16	864.77	+6.43	0.370	33951.52
22	33264.88	−310.26	14.52	2296.50	+1.49	845.27	−19.50	0.370	33946.71
23	32781.54	−483.34	15.88	2264.73	−31.77	830.29	−14.98	0.365	33727.43
		−924.54	(−2.74%)				−0.08		
26	32698.81	−82.73	11.70	2260.17	−4.56	811.30	−18.99	0.350	33714.71
27	32538.33	−160.48	12.27	2253.81	−6.36	798.66	−12.64	0.370	33926.74
28	33193.99	+655.66	13.99	2298.60	+44.79	806.27	+7.61	0.385	33852.66
29	33234.14	+40.15	16.86	2296.25	−2.35	810.65	+4.38	0.380	34122.42
30	33189.04	−45.10	15.97	2288.60	−7.65	815.97	+5.32	0.395	34407.00
		+407.50	(+1.24%)				−14.32	(−1.72%)	

出典：著者提供

その予想が当たっていたら、何を根拠にその予想ができたのかを考えてみます。外れていた場合も同様です。なぜ自分の予想が外れたのか、その理由を考えます。

罫線を手書きしつつ1カ月を振り返り、妄想力を鍛える

実は、指標ノートは複眼経済塾の商品として販売もされています。製品として完成したものがあるのに、提唱者である私自身は未だに罫線1本1本を手で書いているのですから、はたから見るとさぞ「おかしなことをする人だ」と思われていることでしょう。

しかし、私に言わせれば、この罫線を手書きするというのがまたいいものなのです。月末に、次の1カ月分の罫線を引くようにしているのですが、その際にこの1カ月の振り返りができるからです。

今月はこんな相場から始まってこういう終わり方をしたな、その理由には○○と△△があって、○○のほうはさほど長くは続かないだろうけれども△△は意外と長引くかもしれない、でももしも□□のようなことが起こったら状況はひっくり返る、その

ときに◇◇のマーケットに注目が集まるんじゃないか……そんなふうに脳内で妄想が広がっていきます。

中には、他の人が聞いたら「そんなバカげたことがあるはずがない」と思うようなこともあるでしょう。

それでもいいのです。妄想するのはタダですから。

そして株式市場では、妄想が現実になることがしばしば起こっています。どんどん頭の中で妄想を膨らませ、妄想力を養いましょう。

株式投資で成功するには、データからどれだけのものを読み取り、それらを結び付けて未来予想ができるかどうかがカギになります。

「風が吹けば桶屋が儲かる」という言葉があります。

あることが原因となって意外なところに影響が及ぶことの比喩で、解釈としてはこうなります。

大風が吹けば砂埃が舞うために、目の病気を患う人が多くなる。

↓悪化して失明すれば、三味線を弾いて身を立てようとする人が増える。
↓そうなると、三味線の胴の部分に張る猫の皮の需要が増える。
↓すると、鼠を捕る猫の数が減るために鼠が増える。
↓鼠は桶をかじるから、ダメになる桶の数が増える。
↓だから桶屋は儲かって笑いが止まらない。

いささか飛躍を感じさせる連想力に恐れ入るばかりですが、実は株式市場ではこの「風が吹いて儲かる桶屋」のように、その業界とは離れたところで起こったことが要因で別の業界、まったく関係なさそうに思える会社が急成長するということが少なくないのです。

だから妄想力はあってOK！　むしろ、妄想力を持ちたくても持てないならば、そのことを嘆くべきなのです。

指標ノートに記入すべきは11項目＋コメント

私は指標ノートを、毎朝つけるようにしています。はじめのうちはちょっと億劫に感じられるかもしれません。

そこを何とかこらえて、習慣化するまでに持って行きたいところです。習慣化すれば歯磨きと同じです。

指標ノートは見開きで使い、次ページにある11項目を記入していきます。

このうち、特に注目すべきは「②出来高」と「⑤10年国債金利」です。出来高は市場の力強さや勢いを示すもので、10年国債金利は景気の先行指数という性質を持っているためです。

また、世界経済に影響を与えるＩＴを含めた米国株式市場の動きを表す「⑧

指標ノートに記入すべき11項目

① 日経平均株価終値

単位は円で記入。すぐ右隣りの欄に前日比も記入。

② 出来高

その日の出来高を億単位で記入。

③ TOPIX（東証株価指数）終値

その日の指数を記入。右隣りに前日比も。

④ マザーズ指数終値

その日の指数を記入。右隣りに前日比も。

⑤ 10年国債金利

％を記入。

⑥ NYダウ平均株価終値

＄（ドル）で記入。右隣りに前日比も。

⑦ S&P500終値

pt.（ポイント）で記入。右隣りに前日比も。

⑧ NASDAQ指数終値

pt.で記入。右隣りに前日比も。

⑨ 米国10年国債金利

％で記入。

⑩ NY為替

円で、売買高の中間の数値を記入。（日経新聞の夕刊に出ている）

⑪ WTI

原油先物価格。＄／bbl（バレル）で記入。

「NASDAQ指数終値」も重要な数字です。

実は大事な「コメント欄」

指標ノートのコメント欄には、その日いちばん気になった記事の見出しや、自分が感じたことを書いています。

たまに「羽生結弦選手、2度目の金メダル獲得」など、経済とは何の関係もなさそうなコメントを書いたりしているので、他の人に見せると驚かれることがあります。

でもマイルールが「その日いちばん気になったこと」を書くことなので、どんなジャンルであれ素直に感じたことを書くことを大事にしています。

すると先ほどの「風が吹けば桶屋が儲かる」式に、一見すると何の関連もなさそうな「あのこと」と「このこと」がつながり、因果関係が見えてくることがあるのです。

「あのことがこの分野に影響したということは、時間の経過とともにあの分野にも影響が及ぶかもしれないな」など、先の予測につながることもしばしばです。

株式投資をする上で大切なのは「気づき」です。

何に気づくのか、その気づきを自分はどう解釈するのか、その解釈の上にどんな未来が予想できるのかが重要なのです。その先に広がる大きな世界の初めの一歩が「気づき」です。

日々のコメント欄に書かれていることが、ある日「気づき」のきっかけになる可能性はおおいにあります。気づきの種をまいているつもりでコメントを書いてください。

書きたいことが多くて1行では収まらないようなら、小さな文字で2行に分けて書くようにします。多少読みづらくはなりますが、自分が書いた字なら判別できるでしょう。

案外役に立って面白い「東京新聞」

日経新聞のことばかりお話ししてきましたが、先に述べたように私は1紙ではなく、東京新聞も購読しています。

日経新聞とはテイストも違えば取り上げる記事も違っているので、多角的にものごとを判断するのにもってこいなのです。

2023年の夏がすさまじい猛暑だったことは、みなさんも記憶に新しいことと思います。ちょうど早い梅雨明けを迎えたころに読んだ東京新聞に、ずばりこの猛暑を予測しているものがありました。

以下、2023年7月4日の東京新聞の記事（見出し：「ラニーニャ、エルニーニョ現象47年ぶり連続発生　異常気象で世界経済どうなる？」）を抜粋してご紹介します。

2023年夏は記録的な暑さとなった

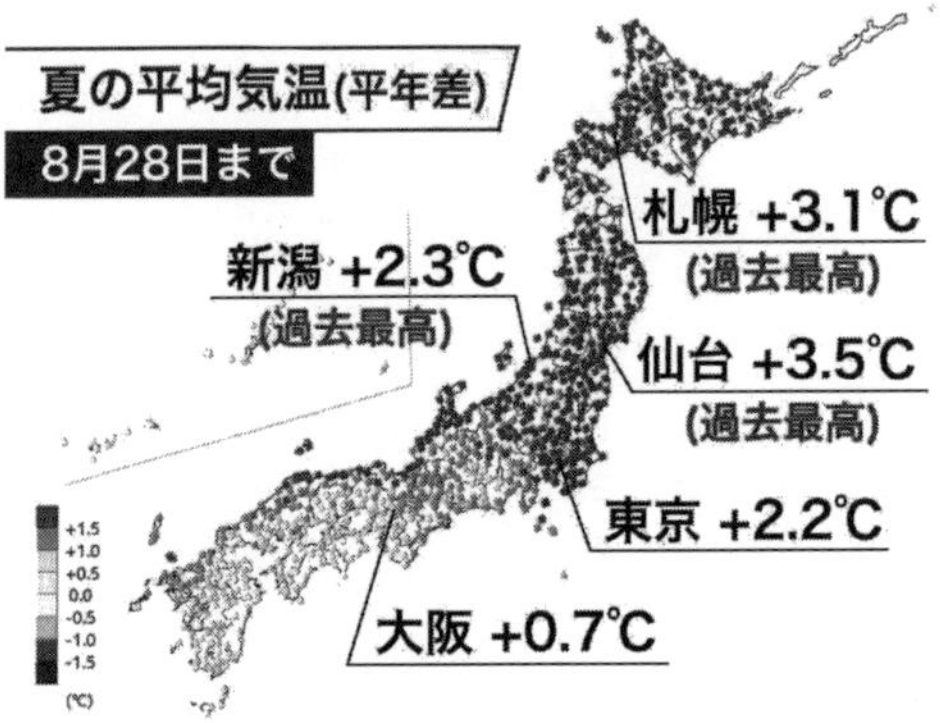

出典：ウェザーニュース「2023年夏は史上最も高温に　過去最高の2010年を上回る見通し」(2023年8月29日公開)

今年は実に47年ぶりの異常気象だという。いわゆる「ラニーニャ現象」に続いて「エルニーニョ現象」が続けざまに発生したのだ。近年は異常気象によって経済の混乱が引き起こされることも。この夏の日本で、世界で何が起きるのか。(宮畑譲)

このリード文に続いて、エルニーニョ現象が起こると日本は冷夏になることが多く、ラニーニャ現象では冬は寒く夏の気温は高くなる傾向があること、2023年の夏は冬に収束したラニーニャ現象の影響が

東京の最高気温

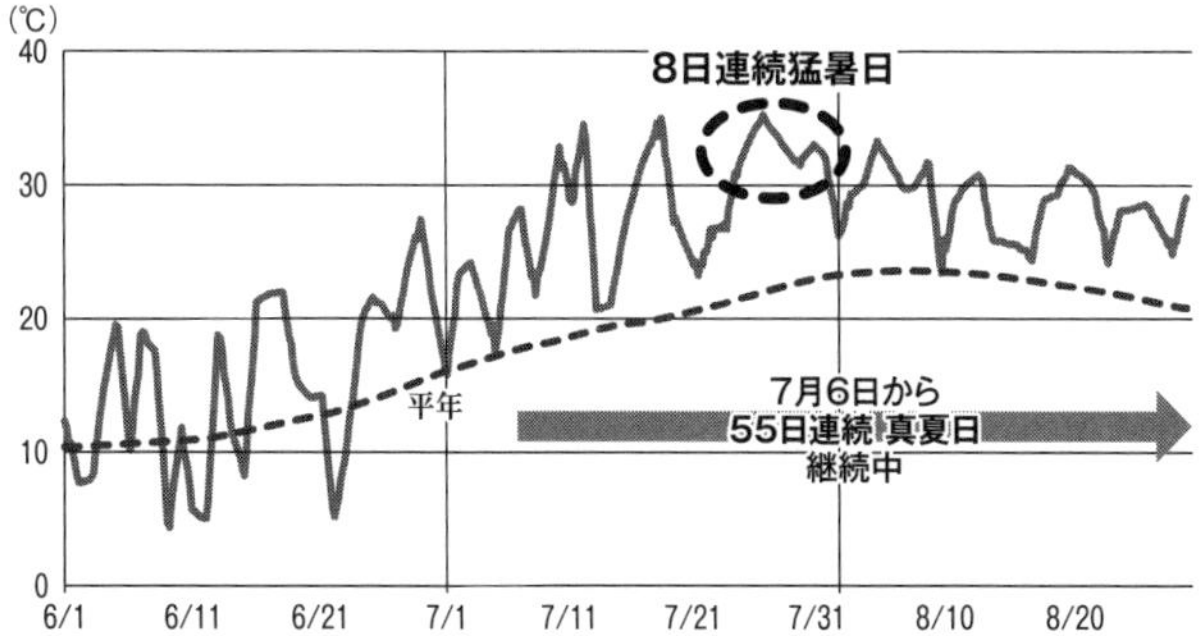

出典：ウェザーニュース「2023年夏は史上最も高温に　過去最高の2010年を上回る見通し」(2023年8月29日公開)をもとにSBクリエイティブ株式会社が作成

残った状態でエルニーニョ現象が発生したこと、この2つの現象が続けて起こるのは1976年以来47年ぶりだということが書かれています。

　気象庁の担当者も、当時とは環境が違うので予測が難しく、通常のエルニーニョ現象とは異なる可能性もあると発言。

　実際に2023年夏は猛暑となり、気象庁の検討会は「太平洋高気圧の本州付近への張り出しが記録的に強まったことが要因で、歴代と比較しても圧倒的な高温で異常気象だといえる」と結論づけました。

　こうして、東京新聞の記事で報道された通りの結果になったわけです。

この異常気象は、株式市場に次のような影響を与えました。8月17日の日経新聞で「アース製薬、鈍る蚊と株価」との見出しの記事がありましたが、その記事によれば、「夏に活発になる蚊は、実は猛暑に弱い」そうで、アース製薬（4985）の「虫ケア」用品の販売は振るわなかったようです。

一方、2023年秋号の『会社四季報』では、男性化粧品のマンダム（4917）のコメントに「猛暑追い風に国内で汗拭きシート販売増」と書かれていました。

また、野菜の生育が不良で、食品価格が値上がりし家計を圧迫しました。

『会社四季報』をフル活用する

『会社四季報』は、東洋経済新報社が年に4回発行している上場企業のデータ集にして「投資のバイブル」とも呼ぶべきものです。

『会社四季報』の「コメント欄」の事例

1431 (株)Lib Work
【決算】6月 【設立】2000.6 【上場】2015.8

【特色】熊本県、福岡県地盤の注文住宅メーカー。住宅見学会やネット中心の販売から展示場も活用へ
【連結事業】戸建住宅100 〈23・6〉

【復　調】主力の注文住宅はデジタル集客の好調、エリア拡大効き、受注が前期後半から戻り歩調。採算圧迫した資材費が高止まる一方、販価への転嫁が浸透。建売住宅も売れ筋タイプにシフトし回復。人件費、出店費など重荷の経費抑制進め、営業益底打ち。
【新中計】26年6月期売上285億円、営業益30億円は野心的すぎるか。採算高いライセンス事業等本格化、エリア拡大がカギ。

3231 野村不動産ホールディングス
【決算】3月 【設立】2004.6 【上場】2006.10

【特色】「プラウド」ブランド等のマンション開発、分譲が主力。自社ブランドの賃貸ビルやホテルも展開
【連結事業】住宅46(11)、都市開発30(20)、海外1(108)、資産運用2(59)、仲介・CRE7(29)、運営管理14(9)、他0(52) 〈23・3〉

【連続増益】オフィスビルなどの収益物件売却が増え、業績押し上げ。販売好調のマンションは粗利高水準、引き渡し4000戸と前期比5・5%増。営業増益。ベトナムの大型案件剥落し持分益減る。連続増配。
【羽　田】空港跡地の大規模複合施設の開発に参画、11月開業。マンションは東京都国立市での建て替え事業の解体工事着工、26年度に竣工。海外はインド展開を検討。

6701 NEC（登記社名　日本電気）
【決算】3月 【設立】1899.7 【上場】1949.5

【特色】官公庁・企業向けITサービス大手。通信インフラ国内首位。生体認証技術に強み。5Gに注力
【連結事業】社会公共14(9)、社会基盤20(10)、エンタープライズ19(11)、ネットワーク16(4)、グローバル18(7)、他14(3)【海外】27 〈23・3〉

【続　伸】主力の国内ITは金融など民間向け軸に受注が順調増。官公庁向けも堅い。通信キャリア向けは国内渋いが、海外は前期の不採算案件ない。部材調達難の緩和や円安も追い風に。連続営業増益。増配。
【生成AI】独自生成AIの提供を法人向けに8月開始、今後3年で売上500億円規模へ。米医療データ解析会社と合弁会社作り、がん治療向けにサービス拡販。

出典:『会社四季報』2023年4集秋号

最初の刊行は1936(昭和11)年。太平洋戦争前後に3年ほど発行されなかった時期はありますが、それ以外は休みなく出版されてきました。

『会社四季報』のすごいところは、編集部内に100人以上の専属の記者がいて、独自に取材を行い、上場企業各社の注目すべき点や今後の予測など、株式投資のヒントになりそうなコメントを載せている点です。

世界中どこを見ても、全上場企業を1冊にまとめた、株式投資専門の2000ページにも及ぶ出版物のある国は他に存在しません。唯一、この地球上で日本の東洋経済新報社だけが粛々と年に4回刊行を続けているのです。

私は『会社四季報』を読むときほど、自分が日本人でよかったと思うことはありません。日本人として日本に生まれたがゆえに、世界でただ1つの投資のバイブルを読むことができるのですから。

『会社四季報』を104冊読破

私は野村證券時代、上司だった竜沢さんにすすめられて、投資の「三種の神器」の

1つである『会社四季報』を読むようになりました。それも気になったところだけ拾って読むような読み方ではありません。

最初から最後まで通読するのです。もちろん『会社四季報』の使い方や目次などは飛ばしますが、それ以外は全部読みます。

はじめのうちは巻頭から読んでいたのですが、野村證券時代の部下が「自分は編集後記から読む。なぜなら自分より先に『会社四季報』を読破した編集長が、その号のいちばん重要なポイントを書いているから」と言っているのを聞き、真似るようになりました。

最初は、寝る間も惜しみ、仕事をしている時間以外のすべてを『会社四季報』読破にあてても1週間くらいかかっていましたが、今ではまる2日くらいで読めるようになりました。

早いもので、『会社四季報』通読を始めていつしか26年が経過。読破した『会社四季報』の数は、2023年の9月で104冊となりました。

『会社四季報』を読むなら、断然、紙版がおすすめ

そんな私がみなさんにおすすめしたいのは、通読しないまでも『会社四季報』が出たら買うようにして、巻頭の特集や業種別データを読み、さらには個別銘柄のページをパラパラめくるのを習慣化するということです。

日経新聞にオンライン版があるように、『会社四季報』にもオンライン版がありま す。『会社四季報』は2000ページ以上もあるので、物理的にかさばります。ついオンラインを選びたくなるかもしれませんが、そこはあえて紙版にするようにしてください。

なぜなら、世界で唯一、全上場会社を1冊にまとめたという「一覧性」の強みがいかんなく発揮されているからです。

さらに、株式投資に『会社四季報』を役立てるようになると、「この銘柄について、

前号ではどんなコメントをしていたんだろう?」と見てみたくなることがしばしばあります。

また、特集記事も同じテーマを繰り返しているため、何年前のこの特集ではどんなことを言っていたかなど、検証のために読み返したくなることも出てきます。

そんなときに、さっくりと読み比べができるのは紙版ならでは。オンラインでは画面を切り替える作業が煩雑で、かえって手間がかかります。

『会社四季報』を「読み物」として面白がれば◎

『会社四季報』というと、「数字だらけ」のイメージが強いのではないでしょうか。

そんな場合は、読み物だと思って読んでみてください。巻頭の「○号のポイント」というページには、四半期ごとの独自の予想が簡潔にまとめられています。

「業種別　業績展望」には、第2章でも触れたように、各業種の押さえておきたい数字が掲載されていますので、ここを見れば日本の産業構造が一発でわかります。

個別銘柄のページについては、はじめのうちは会社名を見ていくだけでもかまいません。「こんな会社あったんだ」と思うことが大事なのです。

こんな名前も知らないような会社が株式市場に上場しているんだな、という素朴な思いが、「どれ、一つどんな会社か見てみようか」につながり、「へえ、この会社こんなこともやっているんだ」と興味が湧き、「それでこの会社は本当に儲かっているのか？」といった疑問になり、「あれ？　この数字ってどういう意味を持つんだっけ？」などの気づきに変わっていくこともあるでしょう。

そうなればしめたものです。

自発的に興味を抱いたものについて、人はさまざまなことを知りたくなり、理解しようとします。

投資セミナーで講師に教えてもらうよりも、あなた自身がその銘柄について理解するために手を尽くして調べることで、確実に個別銘柄を見る目は養われていきます。

そうなるための第一段階が、『会社四季報』をめくってどんな会社があるか、会社名を見ていくことなのです。

ちょっと気になる会社名が出てきたら、ぜひ名前の横にある「特色」を読んでみてください。それがその会社の「究極のプロフィール」です。

ここの欄に「世界首位」や「シェア首位」などとあれば、要注目銘柄です。

記者独自のコメントに注目する

社名と特色のすぐ左隣にあるのが、編集部の記者による業績の近況報告と中長期の展望です。

2つの【】がありますが、1つ目は原則的に今期のこと、2つ目は将来的な中長期の展望という構成になっています。

この欄に入る字数は、最大でわずか171字。しかしその少ない字数の中に、将来のお宝を探すヒントが詰まっています。

日ごろから日経新聞を読み、指標ノートをつけている人であれば、このヒントを興味深く読めるのではないでしょうか。そしてこのコメントから、成長していく銘柄を見つける力は、十分に備わっているはずです。

ぜひ楽しんで読んでみてください。

最低限の数字もチェック

気になる銘柄が見つかったら、数字データも見ていきましょう。

必ずチェックしたいのは次の4つの数字です（136ページ「12ブロックで読み解く『会社四季報』」の図中の番号とは異なります）。

①自己資本比率
②営業キャッシュフロー

③ 売上高
④ 営業利益率（営業利益 ÷ 売上高 × 100で算出）

① 自己資本比率

会社のすべての財産の中で、負債（借入金）以外の会社自らが作り出したお金が自己資本です。

自己資本比率が高ければ高いほど、会社の健全性は高くなります。

一般家庭に置き換えてみるとわかりやすいでしょう。立派で価値の高い家に住み、年収も高くて、家を含めた総資産額が2億円あったとしても、住宅ローンが1億4000万円あったら、その家の経済状況は健全とは言えませんよね。

会社もそれと同じです。

そのため、自己資本比率が重要なのです。

健全度の目安は、最低で30%以上。もちろん大きければ大きいほど健全度は高くなります。

12ブロックで読み解く『会社四季報』

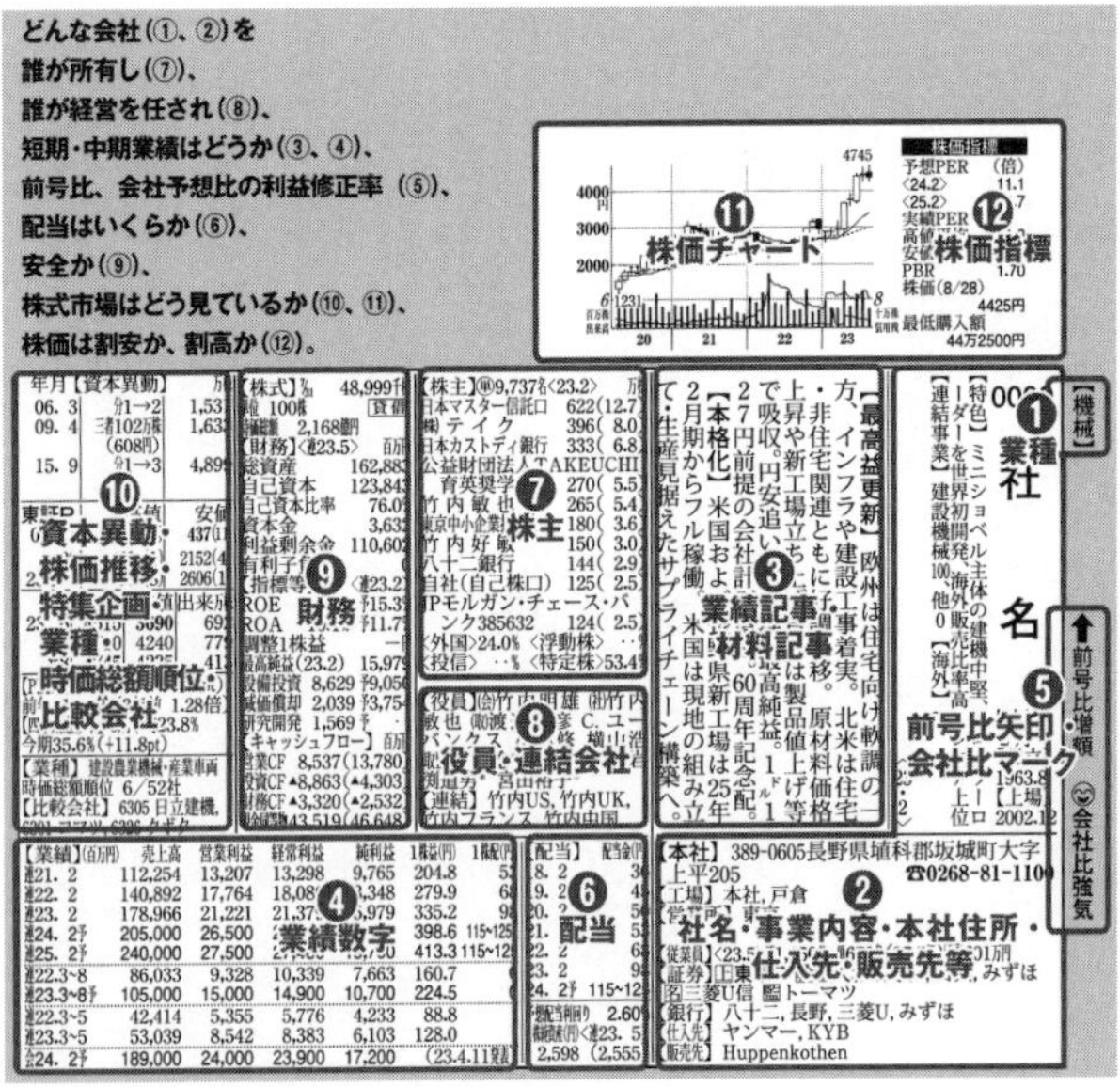

出典：『会社四季報』2023年4集秋号

②営業キャッシュフロー

営業キャッシュフローはお金のやりくりなので、その会社が本業でお金を稼げているのかいないのかがわかります。

そのしくみはいささか複雑なので、ここではごく簡潔にまとめてご説明することとします。

結論から言うと、営業キャッシュフローがプラスになっていれば会社として健全な経営ができているということです。

逆にマイナスになっていれば、本業でお金が回っていない状態になっていることを示します。

③売上高

売上高は、その会社が提供している商品やサービスが売れた額の合計です。

時系列に並んだ売上高を見ることで、この会社がこれまでどういう売上高の伸ばし方をしてきたか、あるいはどのように減少してきたかを見ることができます。

なお、売上高が増加するのを増収率といい、これが正に「成長率」となります。

前期から今期の成長率は、簡単な計算で出すことができます。

（今期の売上高 ÷ 前期の売上高 × 100）－100＝成長率（％）

2023年秋号では、合計3607社の今期（23年7月期〜24年6月期）の伸び率は2・3％で、これが市場の平均値と考えてよいです。

なお、株価が10倍になるテンバガーを狙う場合は、15〜20％以上を目安とするといいでしょう。

④ **営業利益率**

営業利益とは、売上高から売上原価を引いた売上総利益（粗利）から、広告宣伝費と人件費（販売費）を差し引いたものです。

売上高と利益の構造

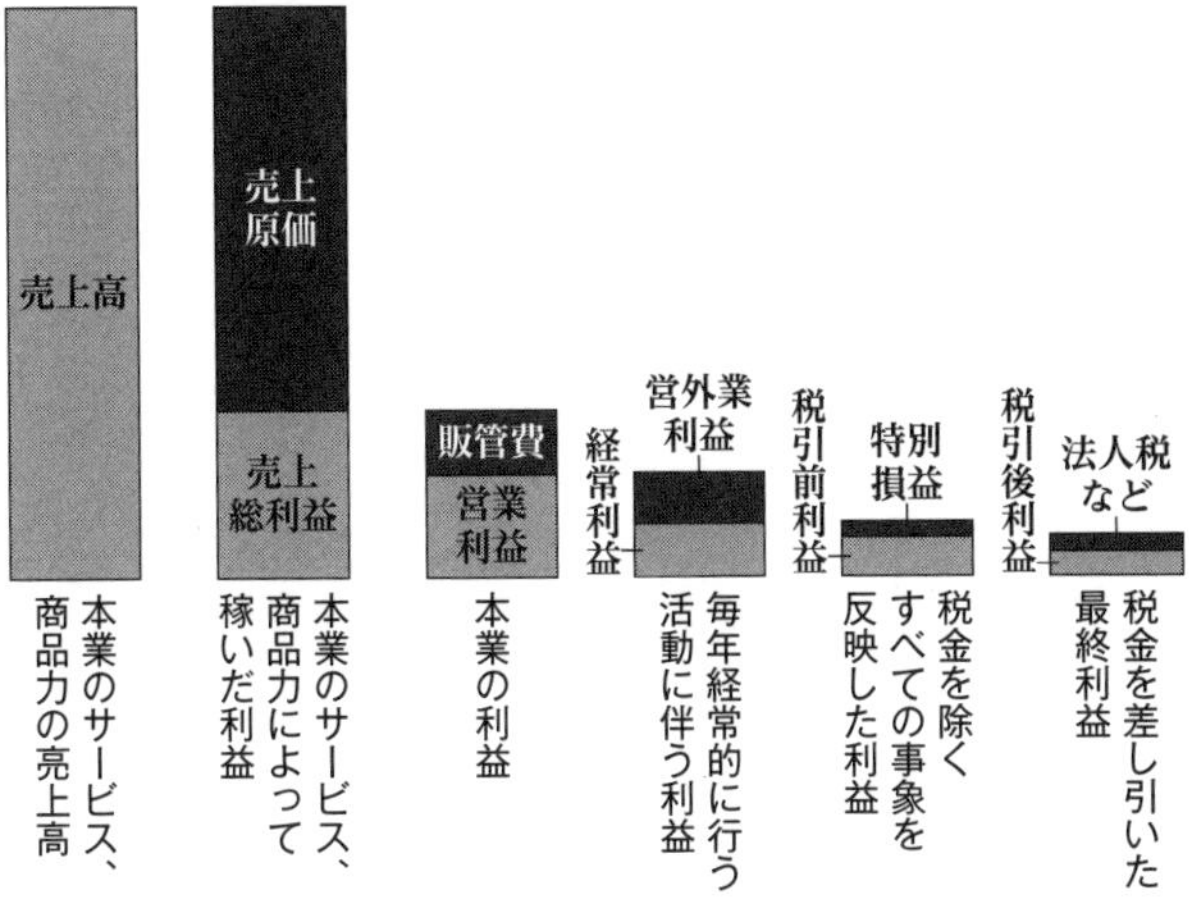

事業を運営するために最低限のコストを引いたもので、本業の利益とも呼ばれ、とても重要な数字です。

この数字が売上高に対してどれくらいの割合なのかを見るのが「営業利益率」であり、会社が本業で稼ぐ力を示していて、複眼経済塾ではこれを「優良性」と言っています。

営業利益率は『会社四季報』には記載されていないため、自分で計算する必要があります。とはいえ、簡単な計算なので安心してください。

営業利益率（%）＝営業利益÷売上

高×100

全上場企業の平均営業利益率は7%程度なので、10%以上ある会社は優良企業と言えるでしょう。

10%で優良企業の仲間入りだというのに、実に営業利益率50%以上を誇る驚異の会社があります。

第1章で野村證券の株価との比較で例に出した、FAセンサーなど検出・計測制御機器大手のキーエンス(6861)です。

2023年3月の営業利益率は、

4989144÷922422×100≒54

実に54%にも上ります。

キーエンスは日本の上場企業の中で、最も平均年収が高いことで知られており、『会社四季報』の年収の欄には2023年3月現在、2279万円と記載されています。

検出・計測制御機器大手のキーエンス

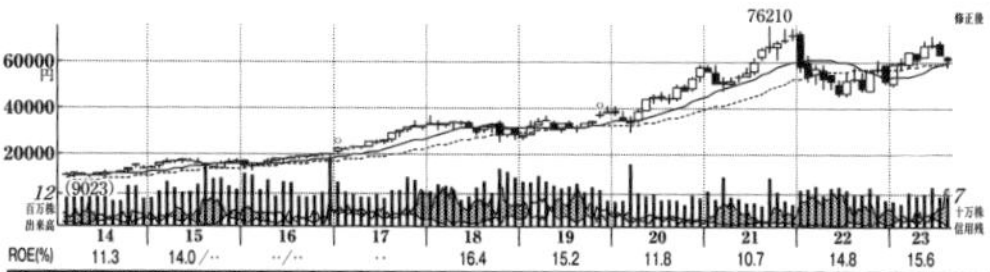

株価指標

予想PER	(倍)
〈24.3〉	40.6
〈25.3〉	39.5
実績PER	
高値平均	58.5
安値平均	35.7
PBR	5.87
株価(8/28)	6万1630円
最低購入額	616万3000円

【電気機器】

6861 (株)キーエンス

➡前号並み

【特色】FAセンサーなど検出・計測制御機器大手。生産は国内工場軸に外注。持分にジャストシステム

【連結事業】電子応用機器の製造・販売100【海外】62

【決算】3.20【設立】1974.5【上場】1987.10

〈23・3〉

【最高益更新】上期は半導体や液晶向け軟調。ただ工場の自動化需要が続くうえ、前期の中国都市封鎖による悪影響なく、FAセンサーなど拡大。海外の人員増による費用増加こなす。為替差益続く。最高純益。

【営業力】海外売上高拡大に向け、人員採用を強化。現地でも高水準給与を支払うとともに自社商材の付加価値や機能の理解度を高める訓練徹底。優秀な営業員確保へ。

年月【資本異動】		万株
06. 3	分1→1.1	5,024
09. 3	分1→1.1	5,527
12. 3	分1→1.1	6,080
17. 1	分1→2	12,160
19.11	分1→2	24,320

東証P	高値	安値
87~21	84630(17)	4550(92)
22	73970(1)	44880(6)
23.1~8	71890(6)	49950(1)

	高値	安値	出来万株
23. 6	71890	66320	1,465
7	69640	63080	1,107
#8	63220	58510	1,215

【PBR改善度】+0.23pt(▲0.12pt)
前年 5.64倍(3年前 5.99倍)
【四半期進捗率】3期平均20.5%
今期一%(一pt)

【業種】電子部品・産業用電子機器
時価総額順位 1/243社
【比較会社】6645 オムロン

【株式】7/31 243,207千株
単位 100株　貸借
時価総額 14.9兆円　225

【財務】〈連23.6〉	百万円
総資産	2,657,512
自己資本	2,546,256
自己資本比率	95.8%
資本金	30,637
利益剰余金	2,452,567
有利子負債	0

【指標等】	〈連23.3〉	
ROE	15.6%	予14.5%
ROA	13.7%	予13.8%
調整1株益		一円
最高純益(23.3)	362,963	
設備投資	393億	予‥億
減価償却	115億	予‥億
研究開発	216億	予‥億

【キャッシュフロー】	億円
営業CF	3,026(2,714)
投資CF	▲2,834(▲111)
財務CF	▲636(▲498)
現金同等物	3,440(3,961)

【株主】単13,876名〈23.3〉	万株
(株)ティ・ティ	3,657(15.0)
日本マスター信託口	3,123(12.8)
日本カストディ信託口	2,241(9.2)
公益財団法人キーエンス財団	1,110(4.5)
滝崎武光	765(3.1)
SSBTC・クライアント・オムニバス・アカウント	677(2.7)
JPモルガン・チェース・バンク385632	396(1.6)
SSB・WT505234	332(1.3)
ノルウェー政府	328(1.3)
BNYM・AS・AGT・CLTS10パーセント	288(1.1)

〈外国〉47.6%〈浮動株〉1.8%
〈投信〉8.8%〈特定株〉53.4%

【役員】(名会)滝崎武光 (社)中田有 (取)山口昭司 山本寛明 中野鉄也 山本晃則 ⇨欄外

【連結】キーエンス(アメリカ・ドイツ・中国)

【業績】(百万円)	売上高	営業利益	経常利益	純利益	1株益(円)	1株配(円)
連20. 3*	551,843	277,631	280,253	198,124	816.9	150
連21. 3	538,134	276,758	286,594	197,289	813.5	200
連22. 3	755,174	418,045	431,240	303,360	1,251	200
連23. 3	922,422	498,914	512,830	362,963	1,497	300
連24. 3予	950,000	510,000	526,000	368,000	1,517	300
連25. 3予	980,000	532,000	540,000	378,000	1,559	300~340
連22.3~9	444,000	241,483	256,625	180,641	744.8	150
連23.3~9予	460,000	245,000	252,000	176,000	725.7	150
連22.3~6	192,007	102,812	112,641	79,623	328.3	
連23.3~6	222,274	111,276	120,820	85,132	351.0	

【配当】	配当金(円)
21. 3	100
21. 9	100
22. 3	100
22. 9	150
23. 3	150
23. 9予	150
24. 3予	150
予想配当利回り	0.49%
1株純資産(円)〈連23. 6〉	10,499(10,274)

【本社】533-8555大阪市東淀川区東中島1-3-14　☎06-6379-1111
【営業所】東京, 大阪, 名古屋, 仙台, 浦和, 横浜, 静岡, 金沢, 広島, 福岡, 他
【従業員】〈23.3〉連10,580名 単2,788名(35.8歳)年2,279万円
【証券】上東京P 幹野村, 大和, 日興 名三菱U信 監トーマツ
【銀行】りそな, みずほ, 三菱U, 三菱U信, 三井住友
【仕入先】一
【販売先】一

2023年4集　https://www.keyence.co.jp/

出典:『会社四季報』2023年4集秋号

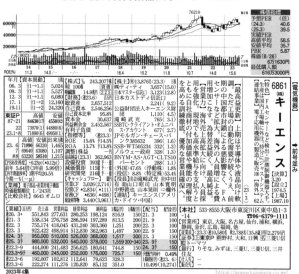

日本の上場企業の平均年収は約600〜650万円なので、約3〜4倍です。利益の出ている会社のすごさを実感させてくれる数字ですね。

本章では、投資の三種の神器を使いこなし、銘柄を絞り込むための手法についてお話ししました。

続く第4章では、市場の先読みをするための投資判断の方法についてご説明していきます。

第4章

市場の先読み術を最大化する投資判断とは？

相場を見るときは目線を遠くする

投資判断とは、一言で言うと今投資してもいい時期なのか、それともやめておいたほうがいいのかを見極めることです。

これが適切にできれば、株式投資で100%勝つことができるわけですが、ちょっとやそっとで身につくようなスキルではありません。

ただ、「このタイミングでは絶対に投資すべきでない」ということだけは判断できるようにしておくべきでしょう。

投資の基本は「安く買って高く売る」です。その基本を忠実に守るとすれば、「高く買う」ことだけは絶対に避けなくてはならないからです。

この話をするとき私の頭に浮かぶのは、日本が底なしの不景気に陥り「失われた20

年」と呼ばれる原因となった1990年のバブル崩壊です。

ちょうど私が証券会社に入社した年のことでした。私の証券マン人生に「失われた20年」はすっぽり入っています。

もちろん、そんな状況下でも株で利益を出す投資家の方はたくさんいましたが、大きな損失を出して悲惨な状況に陥ったお客様も大勢いました。

株式投資の場合、信用取引に手を出さず、その会社が倒産さえしなければ、最悪でも資産がゼロになることがないのが、救いと言えばそう言えるのかもしれません。

では、なぜ多くの人がそこまで投資にのめり込んだのでしょうか。それには「バブル経済」について理解する必要があります。

日本のバブルはこうして起こった

日本のバブル経済期については、1985年から1990年の5年間とする説が有力です。

バブル経済とは景気がいい時期に、実体経済以上に株式や不動産などの価値が急上昇し、その後、泡（バブル）がはじけるように急激にその資産価値が下落する現象のことを言います。

そのきっかけとなったのが、1985年9月にニューヨークのプラザホテルで開かれた先進5カ国（アメリカ、イギリス、西ドイツ、フランス、日本）による会議の決議である「プラザ合意」でした。

この会議は、ドル高によって貿易赤字を抱えて苦しむアメリカを救うために、先進5カ国の首脳らが集まってドル高を是正することを目的としたものでした。

日本の立場からすると、円高・ドル安に向けた舵取りをするということになります。

プラザ合意を受けて、当時対ドル価格1ドル＝240円程度だった日本円は、1ドル＝150円程度にまで急騰。

ところがアメリカへの輸出で大儲けしていた日本は、円高によって輸出不振となり円高不況と呼ばれる不況に突入します。

そこでこの不況を乗り切るために、日本銀行は民間金融機関に貸与する際に適用される金利である「公定歩合《ぶあい》」を引き下げる対策を実施。

これによって企業や個人がお金を借りやすくなり、積極的に融資を受け不動産や株式に投資するようになりました。

日本政府の政策、世界経済の動向、それに人々の欲望などの要因が絡みあって日本は空前のバブル経済に突入します。

当時の日本では、「土地は必ず値上がりする」という土地神話がありました。そこへもってきて地価が勢いよく上がっていくのですから、人々の目がくらむのはごく自然なことでした。

「今買っておかないと、この先もっと高くなって買えなくなる」と考える人が増え、地価はますます上昇。一般的に住宅価格は年収の4倍くらいまでが安全と考えられていますが、バブル期には東京のマンション価格はサラリーマンの平均年収の10倍へと跳ね上がりました。

ひところは東京の山手線内の土地価格だけで、アメリカ全土が買えると言われるほど高騰したのですから驚きです。

今では信じられないことですが、「金余り現象」と言われ、株式市場にも大量の資金が流れ込みました。土地と同じで買いさえすれば、なんでも上がると言っても過言ではないほどの活況ぶりだったのです。

大学生の就職状況もよく、1991年卒の大卒の求人倍率は2・86倍に達しました。統計開始以来の最大値で、この記録は未だ破られていません。

この年に大学を卒業した人は「バブル世代」と呼ばれます。大企業の新入社員だったある女性は、入社1年目の冬のボーナスが70万円で、当時50代前半だった父親が「なんでお前のようなぺーぺーにそんなにボーナスが出るんだ！」と本気で怒っていたそうです。

すべてにおいて、今では考えられないことが起こっていた時代……それがバブル景気の時代だったのです。

バブル崩壊の余波が長引く

日経平均株価が最高値をつけたのは1989年12月29日、1年間の取引の最終日である大納会の日のことです。終値は3万8915円と4万円台目前でした。

史上最高値に「年明けには日経平均4万円を超えるに違いない」と誰もが疑いもしませんでした。

ところが、翌1990年1月4日の大発会で日経平均はマイナスでスタートし、1月の最安値まで2000円を超える下落を記録。これが長く続く不況の始まりでした。

人口減少も加わって国力は低下し、アメリカに次ぐ世界2位を長らくキープしていたGDP（名目GDP）は2010年に中国に抜かれました。

アメリカが、2008年にリーマンショックを経験しながらも3年で立ち直ったのにひきかえ、日本は35年近く前の日経平均最高値を未だに更新できていません。

ここ数年、「だから日本株はダメなんだ。アメリカ株に投資すれば間違いない」と主張する声が大きかったのですが、2022年にはアメリカの株式相場が下落。急激なインフレにも襲われました。

日経平均とNYダウ平均のチャートは酷似している！

アメリカに比べてパッとしないと言われてきた日本の株式市場ですが、私はこれから本格的に回復してくるのではないかと見ています。

この本の冒頭でお話ししたように、「投資の神様」と呼ばれるウォーレン・バフェット氏が日本株に14年ぶりの大きな買いを入れたことも根拠の1つです。

さらに、私はあることに気づいたのです。

第1章でご紹介したチャート図をもとにご説明しましょう。

44～45ページの図は、NYダウと日経平均の推移を重ね合わせたものです。日本はバブルの崩壊、アメリカは1929年の世界大恐慌による株価の大暴落を経験しており、なおかつ大暴落前に株価が高値をつけたという共通点があります。

そこで「もしかしたら同じような動きをしているのではないか?」と考え、重ね合わせてみたら本当にその通りでした。

暴落前の最高値から最安値までの下落率は日経平均が81・9%、NYダウはさらに激しく89・2%に及んでいます。

しかも、1929年9月の世界大恐慌直前のNYダウ最高値は381・17ドル。対して日経平均は1989年12月の3万8915円。当時のNYダウに100をかけると、1989年の日経平均に似た数字になります。

最安値までのスピードは、NYダウが3年でわりと速かったのに対し、日経平均はかなり時間がかかって2009年3月となっています。


では、最高値を更新するまでの期間はどうでしょうか? NYダウは世界大恐慌前の最高値を更新するまで25年強かかっています。

日本は今、最高値から33年10カ月のところにいます(2023年10月時点)。

株価の動きとしては、NYダウに置き換えると1954年5月のころに近いです。NYダウはこのわずか6カ月後に高値を更新しました。

そこで、日本もここから半年後には高値を抜く可能性があると私は考えています。ただしNYダウが高値を更新するまでの期間が25年だったのに対し、日本はすでに33年かかっているわけですから、動きは似ていても3割増しくらいの期間がかかると考えたほうがいいかもしれません。

倍返しの可能性も

さらに私が楽しみにしているのは、日経平均はいったん最高値を更新すると、そこから加速度的に上がるのではないかということです。

NYダウは、世界大恐慌前の最高値から最安値まで値幅で340ドル下落しました。ところがいったん最高値を更新するやいなや、下がった分を倍返しする勢いで上がっていきました。倍返しまでの期間は3年3カ月です。

私がこんな夢のようなことを言うのには理由があります。というのも、株式市場がここまで大きな暴落をして回復した例は、世界広しといえどもＮＹダウの１９２９年の記録的大暴落と、日本のバブル崩壊による株価下落の2例しかないのです。

しかも、株価チャートの形が酷似しています。だから１９２９年のアメリカと似た動きをするのはほぼ確実と見ています。

日経平均の下げ幅は、

３８９１５円 － ７０５４円 ＝ ３１８６１円

この分を倍返しするとしたら、7万７７６円！「日経平均、一気に5万円超え」も夢ではないと私は思っています。

そして、倍返しの始まるタイミングにいる今こそ、株式投資の始め時と言えるでしょう。

大底狙いは×、順張りが◎

2022年の大納会（12月30日）の終値は2万6094円。その後、多少のジグザグはありますが、ほぼ右肩上がりに伸びています。

2023年10月13日時点の終値は3万2315円ですから、約24％上昇したことになります。

このことから「もう株価は上がってしまっているから、今から始めても無駄なのでは？」と考える人も少なくないかもしれません。

ですが、そんな考え方をするのはやめましょう。

いくつかの大型株はもう上昇基調（基調とは相場の大きな流れのこと）に入ってしまっているので、今から大底を狙う（＝最安値を狙う）のはそれこそ無理というものです。すでにそんなことを言っている場合ではないのです。

2023年の日経平均株価の動き

出典:Yahoo! ファイナンス 日経平均株価
※2023年10月時点での内容

とはいえ、株価は一直線に上がっていくというものでもありません。

上がったり下がったりジグザグを描きながら上がっていくので、いったん上がった株価が下がってくるのを待って買うというやり方もあります。これを「押し目買い」と言います。

日経平均で見れば、もうすでに大相場がスタートしているところなので、こういうときは上がったものを買う「順張り」でいいのではないでしょうか。

一方で、下がったものを買う「逆張り」ができるのであれば、中小型成長株の多くは大きく株価が下落していますのでチャンスかもしれません。

景気は繰り返す

正しい投資判断をするには、景気の転換点に気づくことが重要です。

景気は経済活動が拡張する「好況」と、収縮する「不況」を交互に繰り返す性質があり、好況→後退→不況→回復→好況……という具合に、「好況」「後退」「不況」「回復」の4つの局面が順番に繰り返し現れる循環的な動きをします。

好況の最頂点を「景気の山」、不況の最低点を「景気の谷」といい、景気の谷から次の谷までを1つの周期でとらえます。また、好況から後退へ、後退から不況へ、不況から回復へ、回復から好況へのそれぞれの過程は、「景気の調整局面」と呼ばれます。

景気が循環していることは19世紀末以降、次の経済学者によって指摘されました。

・4年サイクル…アメリカの経済学者ジョゼフ・A・キチン
・10年サイクル…フランスの経済学者クレマン・ジュグラー
・20年サイクル…アメリカの経済学者サイモン・クズネッツ
・50年サイクル…旧ソ連の経済学者ニコライ・コンドラチェフ

の4人です。

彼らの提唱した異なる景気循環のプロセスを複合的にとらえたのが、オーストリア・ハンガリー帝国生まれの経済学者であるヨーゼフ・シュンペーターです。

20世紀前半を代表する経済学者である彼は、ハーバード大学の招聘によりアメリカに渡った際、これらの景気サイクルを『景気循環論』という大著にまとめたのです。

それぞれのサイクルには、最初にそのサイクルを指摘・提唱した経済学者の名前が冠されました。

では、それぞれの景気サイクルについてご説明しましょう。

景気サイクル

周期	景気サイクル	要因	エリオット サイクル
4年	キチン	在庫	プライマリー
10〜11年	ジュグラー	設備投資	サイクル
20〜22年	クズネッツ	建設	—
50〜55年	コンドラチェフ	革新	スーパー サイクル
100年以上	ヘゲモニー （モデルスキー）	覇権	グランドスーパー サイクル

出典：複眼経済塾

①キチンサイクル

いちばん小さなサイクルはキチンサイクルと呼ばれるもので、その期間は4年弱です。

他の景気循環と比べてサイクルが短いことから、「短期循環」や「在庫循環」などとも呼ばれています。おそらく、私たち一般消費者の肌感覚として、いちばんしっくりくる景気サイクルなのではないでしょうか。

なぜ在庫循環と呼ばれるかというと、キチンサイクルは企業による在庫への投資と関わっているからです。企業は在庫の残高を調整しています。自社が適正と考える在庫残高を下回ると在庫の数を増やし、上回ると在庫の数を減らします。

このような在庫の増減は、取引先企業にも影響を及ぼすため、経済全体の拡大や縮小につながります。

こうした在庫の増減により、4年弱の周期でキチンサイクルが循環するというわけです。

②ジュグラーサイクル

キチンサイクルの周期が4年弱であったのに対し、ジュグラーサイクルの循環周期は約10年です。

一般にジュグラーサイクルは、企業の設備投資に起因すると考えられています。

設備は10年もすれば古くなるので、そこで新旧設備の交換が行われる際、関連企業を巻き込んで景気の波を作り出すというのがその理由です。

ジュグラーサイクルの中には、通常、キチンサイクルが2つか3つ含まれるとされています。

③クズネッツサイクル

ジュグラーサイクルを一回り大きくした、約20年周期の景気循環がクズネッツサイクルです。

20年というと、住宅や商業施設の建て替え時期に相当することから、クズネッツサイクルは一般に建設需要に起因するサイクルと考えられています。

また、人口の変化に起因するとしている説もあります。

④コンドラチェフサイクル

約50年周期の景気循環がコンドラチェフサイクルで、「コンドラチェフの波」「長期循環」「大循環」などとも呼ばれます。

シュンペーターは『景気循環論』の中で、コンドラチェフサイクルの要因として技術革新を挙げていますが、戦争の存在も無視できないというのが現在の通説となっています。

コンドラチェフサイクルの例をご紹介しましょう。

・第1波　1780〜1840年代　産業革命における蒸気機関、紡績機の発明
・第2波　1840〜1890年代　鉄道の敷設
・第3波　1890年代以降　電気、化学、自動車産業などの発達

景気動向指数をチェック

今、どのような景気なのか、今後どの方向に流れていくのかを知るのに役立つのが景気動向指数です。

景気動向指数は日本の経済状況を把握するための指標の1つで、内閣府が毎月調査し、2カ月後の月末に数値を発表しています。

指数は生産、雇用、消費など、さまざまな経済活動において重要で、かつ景気に敏

感に反応する30項目の指標をもとに算出されます。

指数には、
①景気に先立って動く「先行指数」
②景気に連動して動く「一致指数」
③景気に遅れて動く「遅行指数」
の3種類があります。

また、景気変動の大きさやテンポなどを量的にとらえて測定するコンポジット・インデックス（CI）、景気のさまざまな経済部門への波及の度合いを方向性という観点から測定するディフュージョン・インデックス（DI）の2つの測定方法があります。

従来、内閣府が発表する景気動向指数はDIを中心としたものでしたが、近年では景気変動の大きさや量感の把握がより重要になってきていることから、2008年以降はCIを中心とした公表形態に変化してきています。

先行指数とは、車にたとえればフロントガラスから見える先の景色のようなものです。遠くに見えている曲がり角は、運転していればいずれ自分のところに来ます。

景気動向指数

先行系列	1．最終需要財在庫率指数（逆サイクル）
	2．鉱工業用生産財在庫率指数（逆サイクル）
	3．新規求人数（除学卒）
	4．実質機械受注（製造業）
	5．新設住宅着工床面積
	6．消費者態度指数　※二人以上世帯・季節調整値 理由：季節要因による変動を取り除くため
	7．日経商品指数（42種総合）
	8．マネーストック（M2）（前年同月比）
	9．東証株価指数
	10．投資環境指数（製造業）
	11．中小企業売上げ見通しDI
一致系列	1．生産指数（鉱工業）
	2．鉱工業用生産財出荷指数
	3．耐久消費財出荷指数
	4．労働投入量指数（調査産業計） 理由：企業の雇用・労働時間調整の動きをより総体的に捉えるため
	5．投資財出荷指数（除輸送機械）
	6．商業販売額（小売業、前年同月比）
	7．商業販売額（卸売業、前年同月比）
	8．営業利益（全産業）
	9．有効求人倍率（除学卒）
	10．輸出数量指数
遅行系列	1．第3次産業活動指数（対事業所サービス業）
	2．常用雇用指数（調査産業計、前年同月比）
	3．実質法人企業設備投資（全産業）
	4．家計消費支出（勤労者世帯、名目、前年同月比）
	5．法人税収入
	6．完全失業率（逆サイクル）
	7．きまって支給する給与（製造業、名目）
	8．消費者物価指数（生鮮食品を除く総合、前年同月比）
	9．最終需要財在庫指数

出典：内閣府「景気動向指数の利用の手引」をもとにSBクリエイティブ株式会社が作成

先行指数が指し示すものは、その「曲がり角」と同じです。変化が先行指数として数字に表れている。つまり、すでに変化は起こっているということです。

今、自分はマクドナルドの横にいるけれどもその先の信号がもう見えている＝この先、まっすぐ進めるか止まらなくてはいけないかが手前で予測できるということになります。

逆に、遅行指数というのはバックミラーに映った景色だと思ってください。バックミラーに映るのは、もう通り過ぎてしまった景色です。横を通ったときは気づかなかったけれども、「ああ、そうか、あそこにマクドナルドがあったのか」とバックミラーを見て確認する。そんなイメージです。

一致指数については、もうおわかりでしょう。今、横にある景色ですね。

車を運転するとき、前・横・後ろと四方八方すべてに目をやらなければなりません。どれも全部大事です。でもあえていちばん大切なのは何か？　と問われたら、「前を見ること」と答えるのではないでしょうか。

景気動向指数もそれと同じです。先を読むのがいちばん大切なので、最重要視すべき指数は先行指数ということになるわけです。

なお、ＤＩは日銀が四半期に一度発表している「全国企業短期経済観測調査」、略して「日銀短観」でよく使われています。特に、業況判断ＤＩという企業の経営者が景気の現状や先行きをどう見ているかを示す指標は要注目です。

業況判断ＤＩは景況感が「よい」と答えた企業の割合から、「悪い」と答えた企業の割合を差し引いて算出します。プラスが景気拡大の目安、マイナスは景気減少の目安となります。

景気動向指数とあわせて日銀短観もチェックしておくといいでしょう。

景気と株価サイクルとの関係：4種類の相場を押さえよ！

景気にサイクルがあるように、株価にもサイクルがあります。株式投資をする上ではこのことをよく理解しておくことが大切です。

また、株式市場は景気サイクルに先駆けて動くのに対し、消費者が景気の変化を実感して対処するのは後の話になります。

先述した景気動向指数においては、東証株価指数が先行指数に含まれているのに対し、家計消費支出や消費者物価指数が遅行指数に入っているのはそのためです。

①金融相場

株価が上がる局面で最初に現れるのが「金融相場」です。景気が悪いと、中央政府

景気循環と株価の局面推移

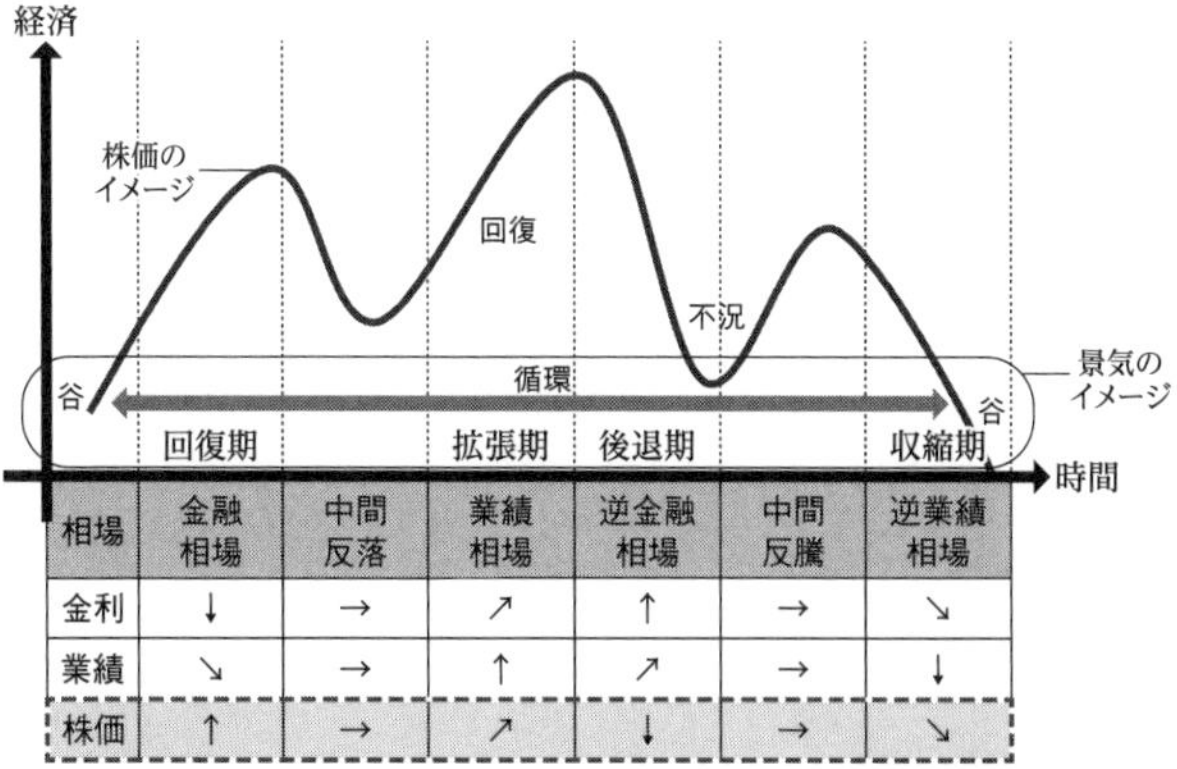

相場	金融相場	中間反落	業績相場	逆金融相場	中間反騰	逆業績相場
金利	↓	→	↗	↑	→	↘
業績	↘	→	↑	↗	→	↓
株価	↑	→	↗	↓	→	↘

出典：複眼経済塾

は金利水準を引き下げます。景気を下支えするために金融緩和によって市場に大きなお金が供給されるため、それが株式市場にまで流れ込んで株価が上昇します。

金融政策による相場なので、マクロ要因による業績は伴わず、俗に「不況下の株高」といわれ、全体的に株価の水準を切り上げるものです。

② 業績相場

次に出てくるのが「業績相場」です。金融緩和の効果で企業業績が回復し始めます。

この局面では、個別銘柄の業績など、ミクロ要因を背景に株価が上昇することが多くなります。

金融相場では割高と感じられた株価指標も、企業業績という実態が伴ってくることによって相応の感が出てきます。

このとき買われるのは、景気敏感株といわれる銘柄で、化学、鉄鋼、非鉄金属、電気機器、輸送機器、機械、精密、商社などが該当します。

③ 逆金融相場

業績相場が拡大し過ぎると、政府は金融引き締めにかかります。このときに出現する相場が「逆金融相場」です。金融相場と逆で市場からお金が引き上げられるため、全体的に相場が下がります。

この局面で買うとしたら、金利が上昇しても業績に影響に出にくいバランスシートが健全な会社の株でしょう。

④ 逆業績相場

金融引き締めによって、景気も企業業績も悪化したときに現れてくるのが「逆業績相場」です。

このとき買われるのは、景気悪化の影響を受けない医薬品やインフラ、生活必需品などです。景気が悪くても病気になれば薬は買いますし、電気も消費します。洗剤やトイレットペーパーなども使うでしょう。

景気と株価サイクル

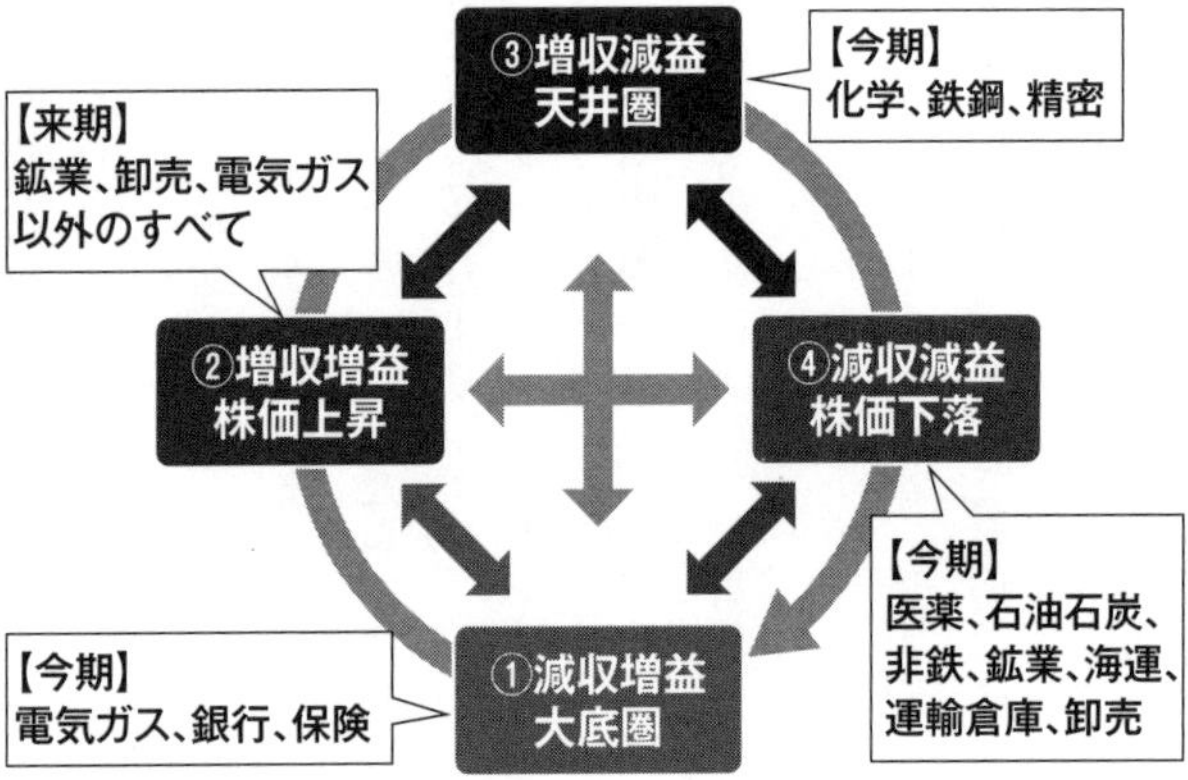

出典：複眼経済塾

これらの銘柄は「ディフェンシブ銘柄」と呼ばれます。

また、銀行などのように、金利上昇が収益増につながる銘柄にも注目が集まります。

これら4つの相場は、間に「中間反落」や「中間反騰」をはさみながら循環しています。

長期的に見た場合、アメリカは現在、逆金融相場を過ぎて中間反騰から逆業績相場にあるように、日本は逆金融相場にも思えますが、実際はまだ業績相場の時期にいるように見えます。

金融相場の始まりの大底で仕込めるのが

理想ですが、必ずしもこのサイクル通りに動くとは限らず、個別で見れば割安株が多く存在していますので、日本株を仕込むのは今がチャンスなのです。

前ページの図は、東証33業種をセクター分けし、どのセクターが株価サイクルのどの位置にいるかを示したものです。

株価チャートの読み方を知ろう

この章の最後に、株価チャートの読み方について少し触れておきましょう。

チャートを読むのは難しく、細かく解説していくと何百ページあっても足りません。

また知識は持っていたとしても、実際のチャートを目の前にしたとき、その動きが何を意味しているかがわかるようになるまでには、多くの経験を積む必要があります。

日経平均株価で見る、株価チャートの仕組み

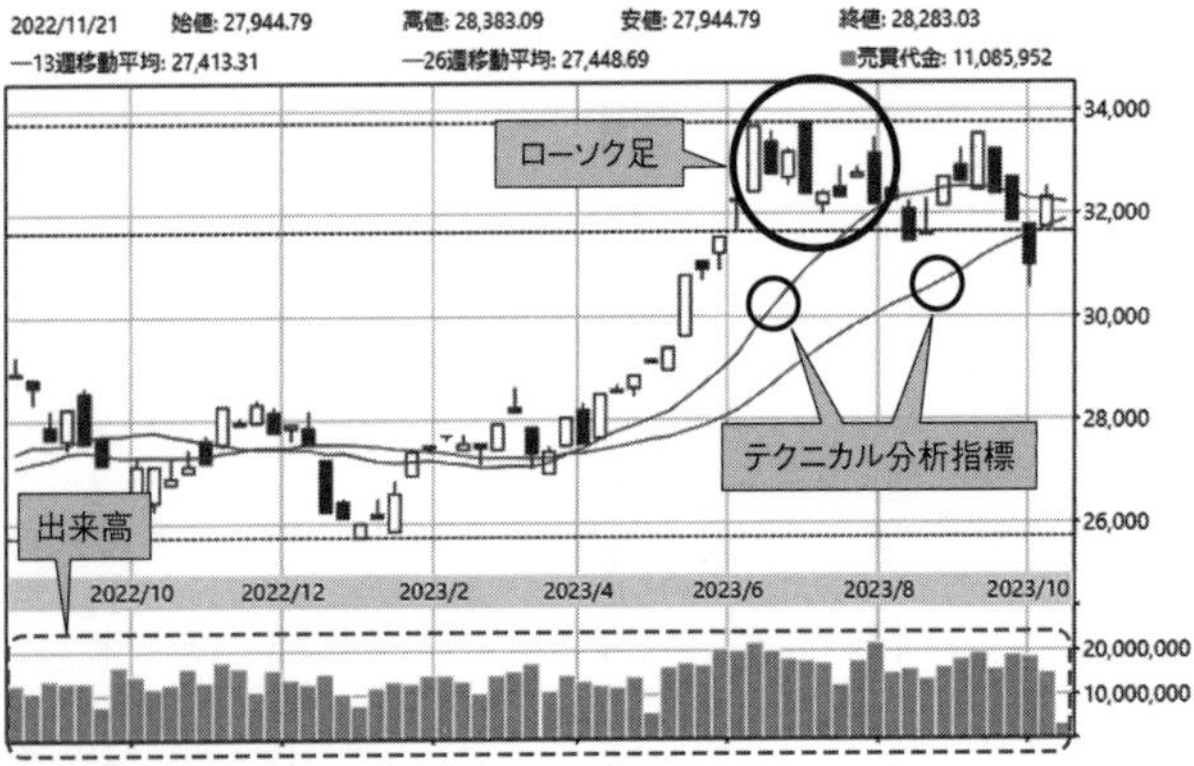

出典：画像は日本経済新聞公式サイト 日経平均株価
※2023年10月時点での内容

ここでは、チャートを読むのに最低限これだけは知っておいてほしいということ、そして数あるサインのうち比較的わかりやすいものに絞って解説していくことにします。

株価チャートの仕組み

株価チャートは基本的に、
①ローソク足
②出来高
③テクニカル分析指標
の3つで構成されています。

①ローソク足

ローソク足は「始値《はじめね》」「高値《たかね》」「安値《やすね》」「終値《おわりね》」の4本で構成されています。終値が始値よりも上昇しているものは陽線、下落したものは陰線となります。

一応ご説明しておくと、

・始値　その日の取引で最初に成立した株価
・高値　一定期間でいちばん高い株価
・安値　一定期間でいちばん安い株価
・終値　その日の取引で最後に成立した株価

のことをいいます。

一瞥《いちべつ》しただけで一定期間の株価の動きがわかるすぐれもののローソク足ですが、その発明者は本間宗久《そうきゅう》と呼ばれる江戸時代の天才相場師だったといわれています。今では世界中で使われているローソク足が日本人の発明だったとは、同じ日本人として誇らしい限りです。

ローソク足の仕組み

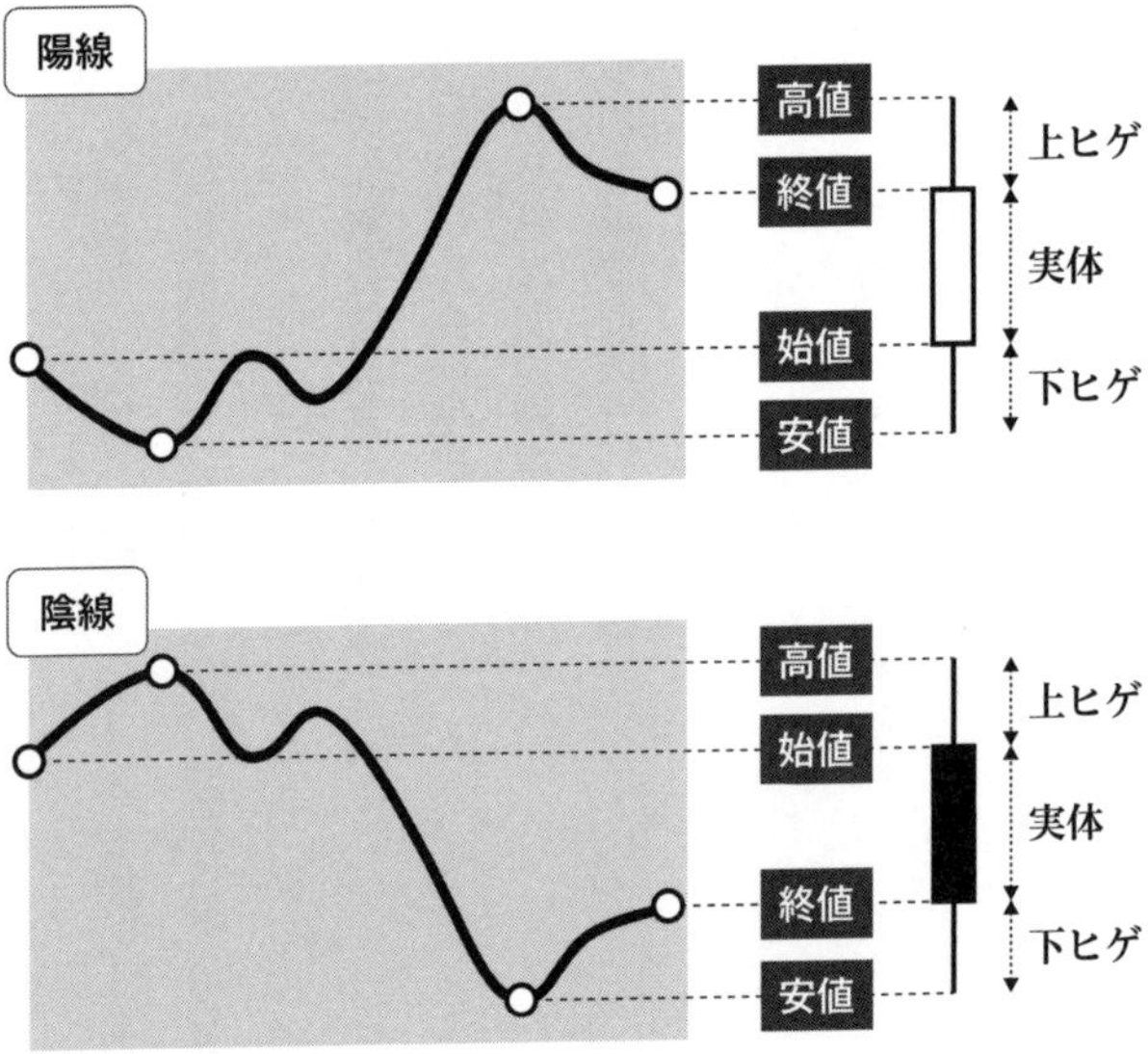

出典：マネックス証券「はじめてのテクニカル分析」をもとにSBクリエイティブ株式会社が作成

日経平均株価で見る、ローソク足のトレンド

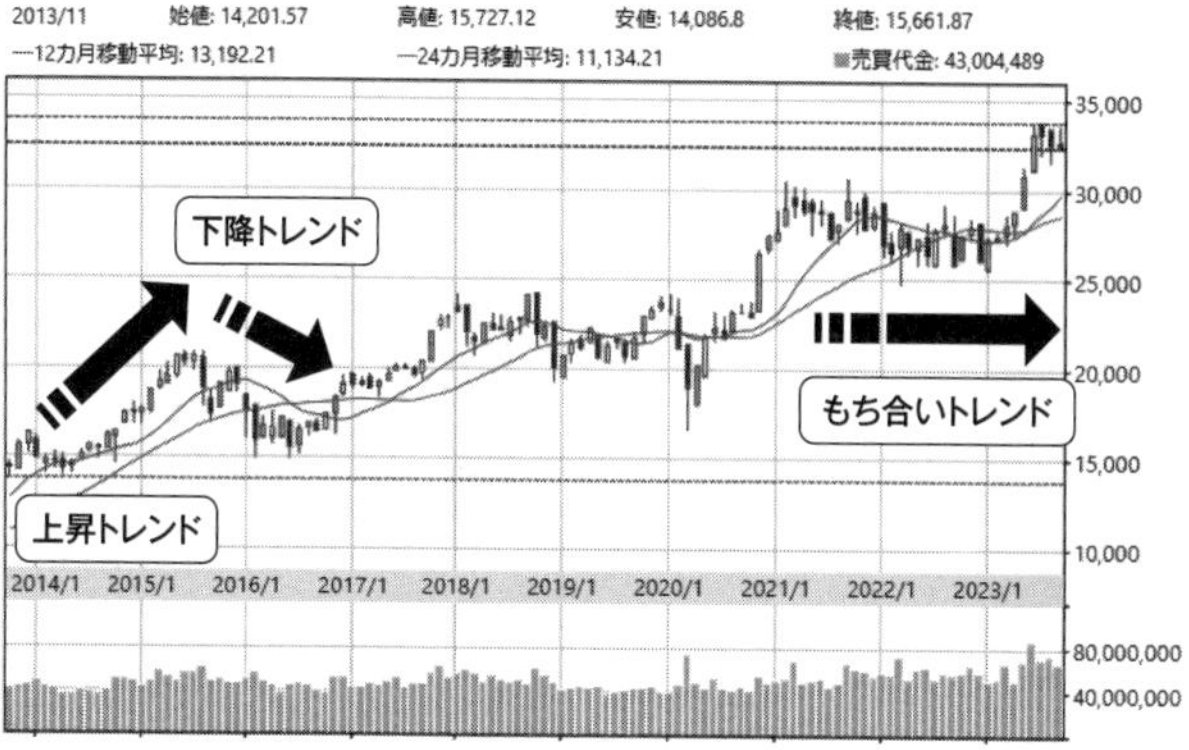

出典：画像は日本経済新聞公式サイト 日経平均株価
※2023年10月時点での内容

ローソク足を見るとトレンドがわかる

上の図は、一定期間のローソク足の動きを示したものです。右肩上がりになっていれば「上昇トレンド」、右肩下がりであれば「下落トレンド」、上昇とも下落ともつかなければ「もち合いトレンド」となります。

株の売買のタイミングで迷っているとき、このようなトレンドの動きを見れば相場がどの方向を向いているのかを知ることができます。

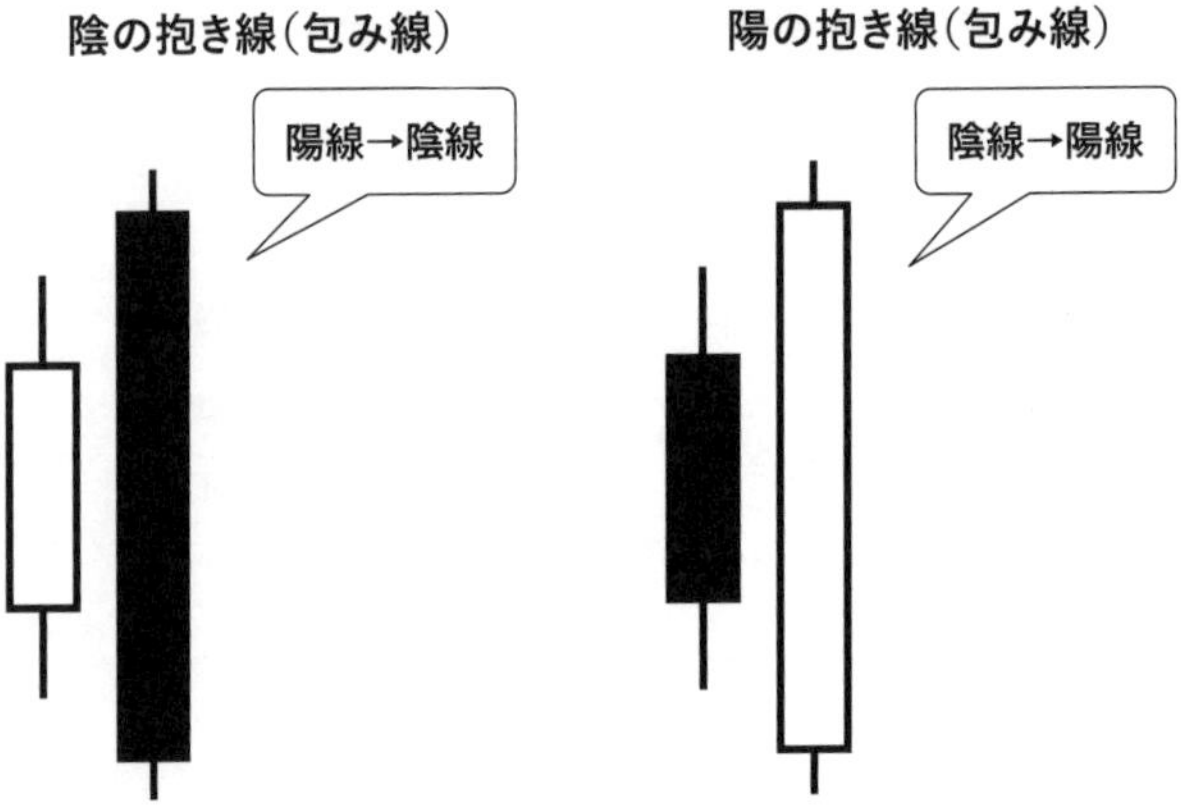

大底での買い転換を示す「陽の抱き線」

買い転換したことを示すローソク足のパターンがあります。

上図の右側のように、前日の陰線を完全に包み込む形の陽線が出る2本のローソク足の組み合わせで、これを「陽の抱き線」といいます。

安値圏で陽の抱き線が出た場合、株価が底値を打ったサインとなります。

これとは逆に、上図の左側のような「陰の抱き線」というものもあります。

高値圏でこれが出た場合は、株価が天井を打ったサインとなります。

「窓」と「三空」

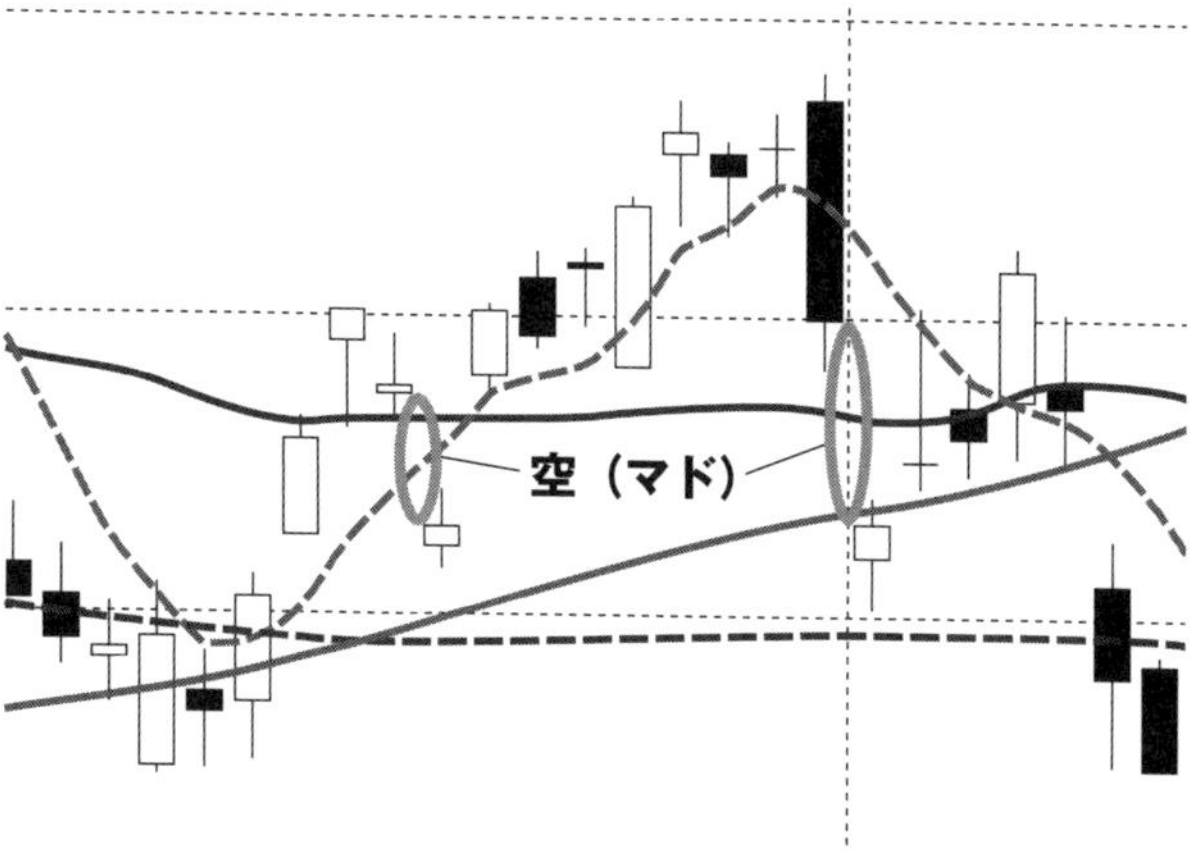

三空

株価チャートでは、上の図のように前日のローソク足と当日のローソク足との間に隙間ができる場合があります。

これを、株式投資の用語で「窓」と呼びます。

右上が開いているものは、前日の終値に比べて当日の始値が大幅に上回っている場合、右下に開いているものは、前日の終値に比べて当日の始値が大幅に下回っている場合に出現します。

この「窓」が連続して3回出現する状態が、「三空《さんくう》」です。

三空のバリエーション

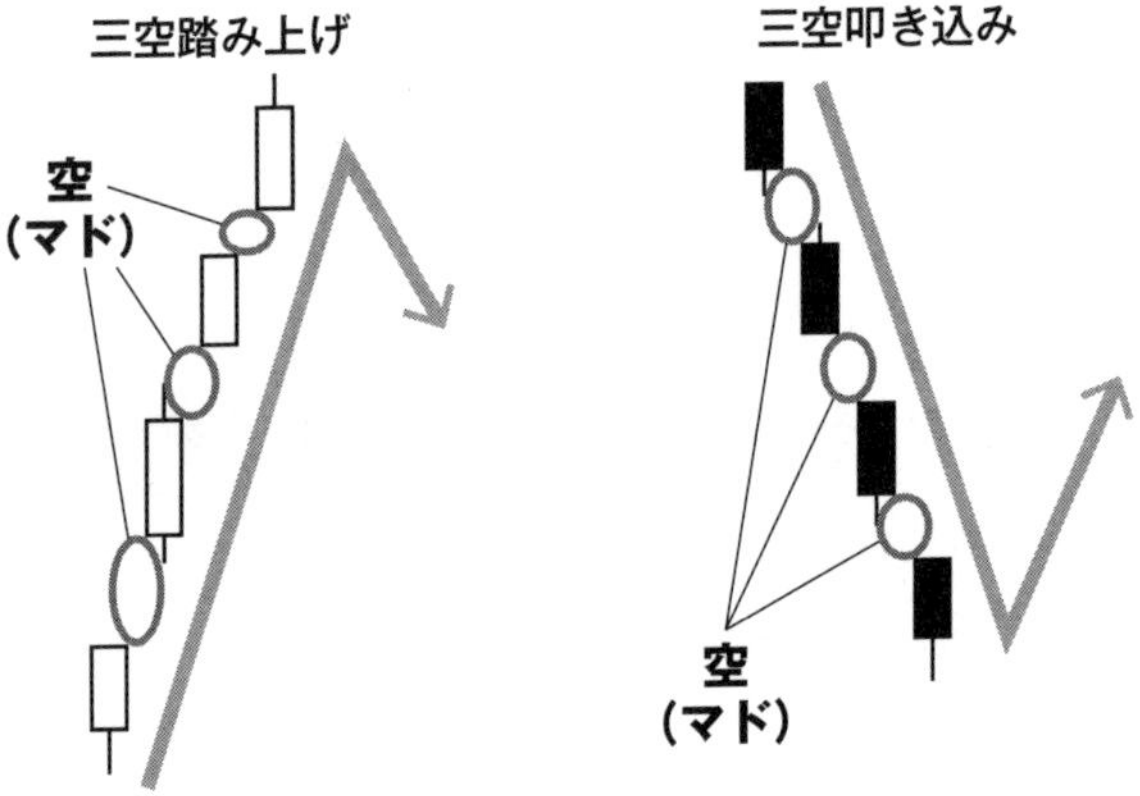

出典：マネックス証券「はじめてのテクニカル分析」

陽線が連続して4回描かれている上図の左側の場合、それぞれの陽線の間が開き、窓が3つ出現しています。このようなとき、強い上昇相場になっていると判断できますが、相場が過熱している状況で、4本目の陽線が高値となりやすい特徴があります。

このことから、日本古来の罫線（チャート）の中でももっとも古典的とされる「酒田五法」の中には「三空踏み上げ売りに向かえ」という格言があります。

逆に、上図の右側のように陰線が続いて窓が3つ出現している場合には、「三空に売りなし」と言って大底をつけるとされます。

②出来高

出来高とは売買が成立した株数のことをいいます。

出来高が多ければ多いほど、その株の取り引きが活発に行われているということです。つまり出来高を見れば、投資家のその株に対する注目度がわかるというわけです。ただし、出来高だけで売買の判断をすることはできません。必ず株価の動きとあわせて見るようにする必要があります。

人気のない株が安値圏で急増したときは、買いサインと考えてください。

普段、注目を集めることのない株の出来高が増えているということは、それなりの理由があります。

何らかの材料が出て買いたい人が大勢いるということだからです。

とはいえ、一時的なものでもある可能性があるので、注意が必要です。

こちらに関しては、『会社四季報』のチャートからも読み取ることができます。ちなみに2023年4集秋号においては、本書181～184ページの図の銘柄が参考になるケースとして挙げられます。

もっと注意しなければいけないのが、大型株の出来高が高値圏にあるにもかかわらず急増した場合です。買いたい人が大勢いる一方で、利益を確定するための売りが大量に出ている可能性があります。

そんなときにつられて買ってしまうと、株価がピークに達する可能性が高く、いわゆる「高値づかみ」になってしまいます。

ただし、ここ2年ほどは大型株が順調に上昇してきているため、出来高が急増しているのものはあまり見かけません。そのため、参考までに把握しておく程度でいいでしょう。

不人気株の株価低迷時の出来高急増事例①

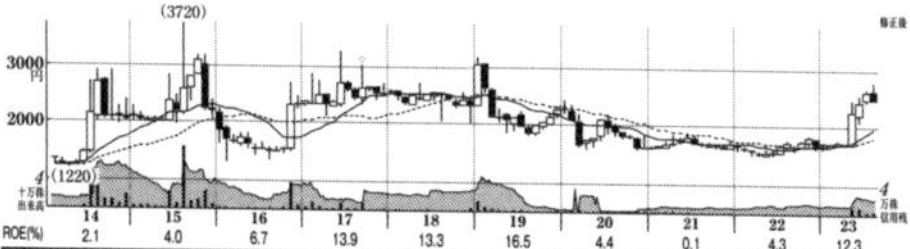

株価指標
予想PER　(倍)
〈24.3〉 4.1
〈25.3〉 7.5
実績PER
高値平均 270.9
安値平均 196.1
PBR 0.58
株価(8/28)
2463円
最低購入額
24万6300円

【機械】

6342 (株)太《たい》平《へい》製《せい》作《さく》所《しょ》

➡前号並み

【決算】3月
【設立】1925.5
【上場】1961.10

【特色】合板・木工機械のトップメーカー。技術力に定評。建材の製造も。東南ア、北米向け輸出に実績
【連結事業】合板機械66(16)、木工機械16(14)、住宅建材17(2)【海外】13 〈23・3〉

【続　伸】着工戸数減で住宅建材は低迷。だが木工機械はチップ製造機械、集成材向けシステム需要旺盛で堅調増。主柱の合板機械が海外向け一服も、国内大型スポット案件で上期膨張。材料高かわし営業益続伸。
【見本市】10月国内最大の木工機械見本市に参加。木材表面凹凸を感知し自動選別する新型スキャナーなどPR。製品DX化研究推進。遠隔操作でのメンテ等実現目指す。

年月	【資本異動】	万株
67.11	有1:0.5	1,000
	無1:0.03	
	公36万株	(105円)
71. 1	有1:0.5	1,500
17.10	併10→1	150

東証Ⓢ	高値	安値
61~21	**3190**(19)	**35**(01)
22	1850(11)	1495(3)
23.1~8	2799(8)	1640(1)

	高値	安値	出来万株
23. 6	2547	**2090**	10
7	2675	2450	3
#8	**2799**	2458	5

【PBR改善度】+0.14pt(+0.07pt)
前年 0.44倍(3年前 0.51倍)
【四半期進捗率】3期平均9.1%*
今期12.7%(+3.6pt)
【業種】建設関連製品・設備
時価総額順位 64/74社
【比較会社】6346 キクカワE

【株式】7/31 1,500千株
単位 100株 貸借
時価総額 36.9億円
【財務】〈連23.6〉 百万円
総資産 10,657
自己資本 5,862
自己資本比率 55.0%
資本金 750
利益剰余金 5,131
有利子負債 924
【指標等】〈連23.3〉
ROE 12.3% 予14.3%
ROA 6.9% 予 7.9%
調整1株益 ―円
最高純益(04.3) 1,900
設備投資 43 予100
減価償却 94 予125
研究開発 182 予200
【キャッシュフロー】百万円
営業CF 1,438(▲463)
投資CF ▲787(68)
財務CF ▲164(▲76)
現金同等物 4,372(3,885)

【株主】㊥939名〈23.3〉 万株
自社取引先持株会 13(9.2)
自社株投資会 13(9.0)
木　戸　修 13(9.0)
自社(自己株口) 11(7.6)
(株)名南製作所 3(2.5)
内 藤 幸 男 3(2.4)
三菱UFJ銀行 3(2.1)
齊　藤　武 2(1.9)
愛 知 銀 行 2(1.6)
名古屋銀行 2(1.6)
〈外国〉 2.9%〈浮動株〉24.8%
〈投信〉 0.0%〈特定株〉51.5%

【役員】(社)齊藤武 (取)尾関修康 指吸隆幸 祖父江雅也 森淳彦 溝口祥司 (取監)神谷慎二 内藤幸男* 安達和平*

【連結】太平ハウジング

【業績】(百万円)	売上高	営業利益	経常利益	純利益	1株益(円)	1株配(円)
連21. 3	3,538	▲81	86	3	2.8	50
連22. 3	4,938	185	282	223	161.1	60
連23. 3	6,437	742	768	683	490.1	80
連24. 3予	7,450	1,170	1,180	840	598.9	80
連25. 3予	6,500	650	660	460	328.0	80~100記
連22.4~9	2,808	229	249	156	112.3	20
連23.4~9予	4,130	750	750	530	377.9	30
連22.4~6	1,422	179	197	144	103.6	
連23.4~6	1,763	150	153	96	69.4	
会24. 3予	7,456	1,177	1,187	844	(23.5.12発表)	

【配当】	配当金(円)
21. 3	20
21. 9	20
22. 3	40
22. 9	20
23. 3	60
23. 9予	30
24. 3予	50

予想配当利回り 3.25%
1株純資産(円)〈連23. 6〉
4,230 (4,217)

【本社】485-0084愛知県小牧市大字入鹿出新田字宮前955-8 ☎0568-73-6411
【営業所】大阪
【工場】本社, 大阪☎06-6685-9551
【従業員】〈23.6〉連158名 単121名(38.5歳)年626万円
【証券】上東京Ⓢ, 名古屋M 幹(主)大和(副)みずほ 名三井住友信 監栄
【銀行】三菱U, 十六, 商中, 愛知, 名古屋, 岡崎信金
【仕入先】エレックス菱光商会, 新興機械
【販売先】日新, 松江エヌエル工業

2023年4集

http://www.taihei-ss.co.jp/

チャート（紙版）で確認すると…

太平製

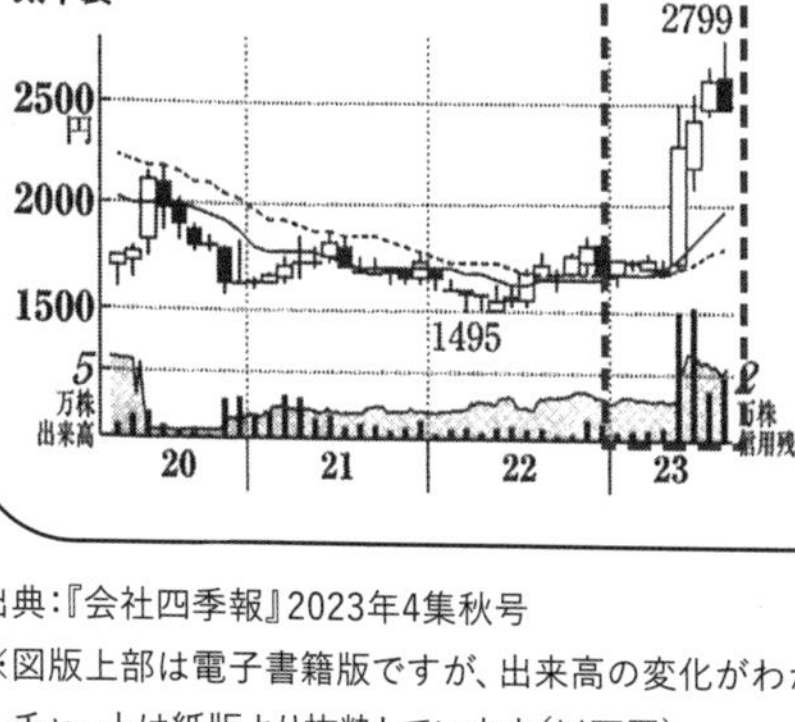

株価指標
予想PER　(倍)
〈24.3〉 4.1
〈25.3〉 7.5
実績PER
高値平均 270.9
安値平均 196.1
PBR 0.58
株価(8/28)
2463円
最低購入額
24万6300円

出典：『会社四季報』2023年4集秋号

※図版上部は電子書籍版ですが、出来高の変化がわかりやすいよう、下部のチャートは紙版より抜粋しています（以下同）

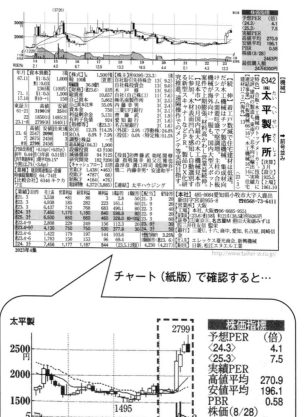

不人気株の株価低迷時の出来高急増事例②

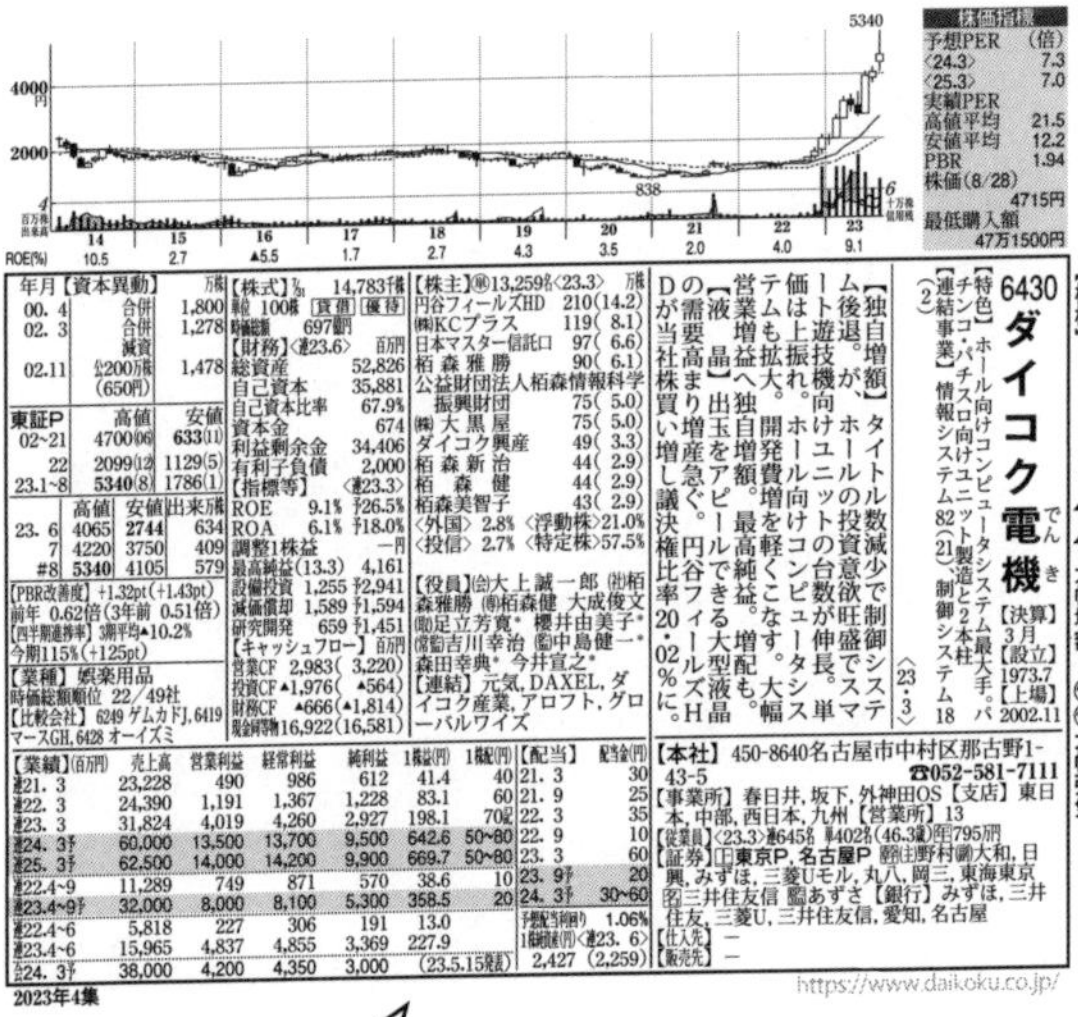

5340
4000円
2000
838
4
百万株
出来高
6
十万株
信用残
14 15 16 17 18 19 20 21 22 23
ROE(%) 10.5 2.7 ▲5.5 1.7 2.7 4.3 3.5 2.0 4.0 9.1

【株価指標】
予想PER (倍)
〈24.3〉 7.3
〈25.3〉 7.0
実績PER
高値平均 21.5
安値平均 12.2
PBR 1.94
株価(8/28)
4715円
最低購入額
47万1500円

【機械】

6430 ダイコク電《でん》機《き》

【決算】3月 【設立】1973.7 【上場】2002.11

↑↑大幅増額 😊😊大幅強気

【特色】ホール向けコンピュータシステム最大手。パチンコ・パチスロ向けユニット製造と2本柱
【連結事業】情報システム82(21)、制御システム18 〈23・3〉

【独自増額】タイトル数減少で制御システム後退。が、ホールの投資意欲旺盛でスマート遊技機向けユニットの台数が伸長。単価は上振れ。ホール向けコンピュータシステムも拡大。開発費増を軽くこなす。大幅営業増益へ独自増額。最高純益。増配も。
【液晶】出玉をアピールできる大型液晶の需要高まり増産急ぐ。円谷フィールズHDが当社株買い増し議決権比率20・02%に。

年月【資本異動】		万株
00. 4	合併	1,800
02. 3	合併	1,278
02.11	減資 公200万株 (650円)	1,478

東証P	高値	安値
02~21	4700(06)	633(11)
22	2099(12)	1129(5)
23.1~8	5340(8)	1786(1)

	高値	安値	出来万株
23. 6	4065	2744	634
7	4220	3750	409
#8	5340	4105	579

【PBR改善度】+1.32pt(+1.43pt)
前年 0.62倍(3年前 0.51倍)
【四半期進捗率】3期平均▲10.2%
今期115%(+125pt)
【業種】娯楽用品
時価総額順位 22/49社
【比較会社】6249 ゲムカドJ, 6419 マースGH, 6428 オーイズミ

【株式】7/31 14,783千株
単位 100株 貸借 優待
時価総額 697億円
【財務】〈連23.6〉 百万円
総資産 52,826
自己資本 35,881
自己資本比率 67.9%
資本金 674
利益剰余金 34,406
有利子負債 2,000
【指標等】〈連23.3〉
ROE 9.1% 予26.5%
ROA 6.1% 予18.0%
調整1株益 ―円
最高純益(13.3) 4,161
設備投資 1,255 予2,941
減価償却 1,589 予1,594
研究開発 659 予1,451
【キャッシュフロー】百万円
営業CF 2,983(3,220)
投資CF ▲1,976(▲564)
財務CF ▲666(▲1,814)
現金同等物 16,922(16,581)

【株主】単13,259名〈23.3〉 万株
円谷フィールズHD 210(14.2)
(株)KCプラス 119(8.1)
日本マスター信託口 97(6.6)
栢森雅勝 90(6.1)
公益財団法人栢森情報科学振興財団 75(5.0)
(株)大黒屋 75(5.0)
ダイコク興産 49(3.3)
栢森新治 44(2.9)
栢森健 44(2.9)
栢森美智子 43(2.9)
〈外国〉 2.8% 〈浮動株〉21.0%
〈投信〉 2.7% 〈特定株〉57.5%
【役員】(会)大上誠一郎 (社)栢森雅勝 (専)栢森健 大成俊文 (取)足立芳寛* 櫻井由美子* (常監)吉川幸治 (監)中島健一* 森田幸典* 今井宣之*
【連結】元気, DAXEL, ダイコク産業, アロフト, グローバルワイズ

【業績】(百万円)	売上高	営業利益	経常利益	純利益	1株益(円)	1株配(円)
連21. 3	23,228	490	986	612	41.4	40
連22. 3	24,390	1,191	1,367	1,228	83.1	60
連23. 3	31,824	4,019	4,260	2,927	198.1	70記
連24. 3予	60,000	13,500	13,700	9,500	642.6	50~80
連25. 3予	62,500	14,000	14,200	9,900	669.7	50~80
連22.4~9	11,289	749	871	570	38.6	10
連23.4~9予	32,000	8,000	8,100	5,300	358.5	20
連22.4~6	5,818	227	306	191	13.0	
連23.4~6	15,965	4,837	4,855	3,369	227.9	
会24. 3予	38,000	4,200	4,350	3,000	(23.5.15発表)	

【配当】	配当金(円)
21. 3	30
21. 9	25
22. 3	35
22. 9	10
23. 3	60
23. 9予	20
24. 3予	30~60

予想配当利回り 1.06%
1株純資産(円)〈連23. 6〉
2,427 (2,259)

【本社】450-8640名古屋市中村区那古野1-43-5 ☎052-581-7111
【事業所】春日井, 坂下, 外神田OS【支店】東日本, 中部, 西日本, 九州【営業所】13
【従業員】〈23.3〉連645名 単402名(46.3歳)年795万円
【証券】上場東京P, 名古屋P 幹(主)野村(副)大和, 日興, みずほ, 三菱Uモル, 丸八, 岡三, 東海東京 名三井住友信 監あずさ【銀行】みずほ, 三井住友, 三菱U, 三井住友信, 愛知, 名古屋
【仕入先】―
【販売先】―

https://www.daikoku.co.jp/

2023年4集

チャート（紙版）で確認すると…

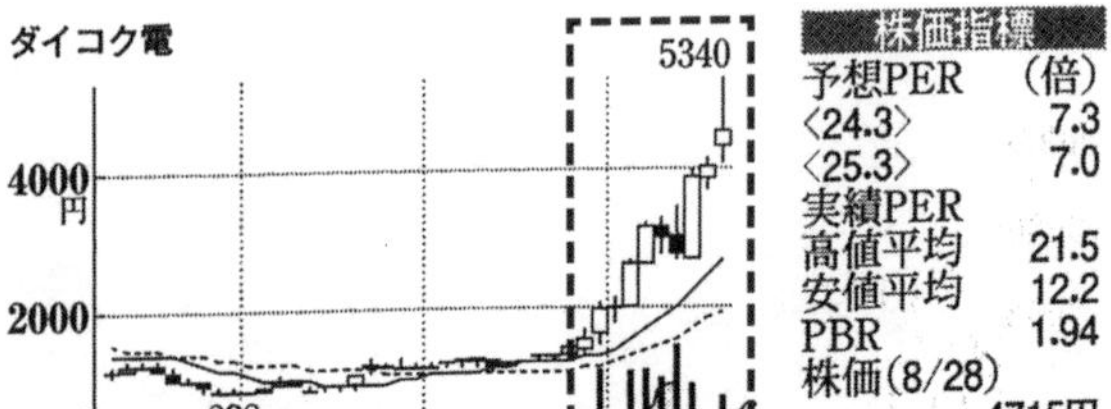

出典：『会社四季報』2023年4集秋号

不人気株の株価低迷時の出来高急増事例③

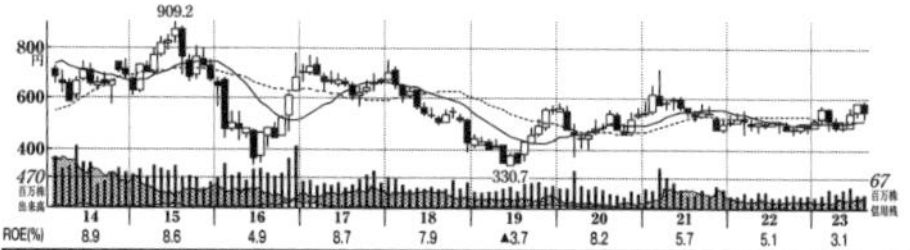

株価指標
予想PER　(倍)
〈24.3〉 11.0
〈25.3〉 10.9
実績PER
高値平均 15.4
安値平均 11.0
PBR 0.52
株価(8/28)
558.8円
最低購入額
5万5880円

【証券・商品先物】　➡前号並み

8604
野村《のむら》ホールディングス
【決算】3月【設立】1925.12【上場】1961.10

【特色】証券国内最大手。異業種提携に意欲。個人向け営業重点強化。未上場株など非伝統商品も開拓
【連結事業】受入手数料27、トレーディング損益23、金融収益45、他6〈23・3〉

【回　復】営業部門は市況改善を追い風に株式取引が向上。投信などのストック関連も順調に伸びる。市場部門は経費が重いものの債券関連から徐々に回復。投資銀行は下期からの反転うかがう。税前益水準回復。
【シフト】営業部門の人員を大幅に転換、1800人を富裕層向けに振り向けてコンサルシフト。東邦銀と金商仲介の業務提携で合意。地銀5行目で24年度の開始目指す。

年月【資本異動】		万株
09.10	三者3400万株(OA)	363,291
11. 7	交換	382,256
23. 6	消却	316,356

東証P	高値	安値
61~21	5990(87)	55(65)
22	562.2(3)	460.3(3)
23.1~8	592.5(8)	476.7(5)

	高値	安値	出来万株
23. 6	570.6	485.6	33,634
7	588.6	535.1	22,154
#8	592.5	526.2	24,657

【PBR改善度】+0.03pt(▲0.08pt)
前年 0.49倍(3年前 0.60倍)
【四半期進捗率】3期平均ー%
今期ー%(ーpt)
【業種】証券・先物
時価総額順位 1/48社
【比較会社】8601 大和証券G, 8609 岡三証券G, 8616 東海東FH

【株式】7/31 3,163,562千株
単位 100株　貸借
時価総額 17,677億円　225
【財務】〈○23.6〉 百万円
総資産 52,493,241
自己資本 3,265,436
自己資本比率 6.2%
資本金 594,493
利益剰余金 1,631,772
有利子負債 12,146,119
預かり資産 133,275,100
野村證券
自己資本規制比率 306.5%
【指標等】〈○23.3〉
ROE 3.1% 予4.7%
ROA 0.2% 予0.3%
調整1株益 29.7円
最高純益(06.3) 304,328
【キャッシュフロー】億円
営業CF ▲9,747(▲13,687)
投資CF 389(▲453)
財務CF 12,916(10,707)
現金同等物 38,208(33,164)

【株主】単336,476名〈23.3〉 万株
日本マスター信託口 53,850(16.6)
自社(自己株口) 22,951(7.0)
日カスト銀信託口 18,099(5.5)
ノーザントラSil 6,966(2.1)
SSB・WT505234 5,158(1.5)
ノーザントラストUSTaxF 4,166(1.2)
JPMC385781 4,003(1.2)
BNYMデポジタリRH 3,818(1.1)
自社グループ従業員持株会 3,406(1.0)
SSBT505001 3,182(0.9)
〈外国〉29.7%〈浮動株〉9.9%
〈投信〉10.2%〈特定株〉38.8%
【取締】会永井浩二 取奥田健太郎 中島豊 ⇨欄外
【執行】代執奥田健太郎 中島豊 執飯山俊康 ⇨欄外
【連結】野村證券, 野村アセットマネジメント, 野村信託銀行

【業績】(百万円)	営業収益	営業利益	税前利益	純利益	1株益(円)	1株配(円)
○20. 3	1,952,482	‥	248,261	216,998	67.8	20
○21. 3	1,617,235	‥	230,671	153,116	50.1	35
○22. 3	1,593,999	‥	226,623	142,996	46.7	22
○23. 3	2,486,726	‥	149,474	92,786	30.9	17
○24. 3予	2,700,000	‥	220,000	154,000	50.8	17~22
○25. 3予	2,800,000	‥	230,000	160,000	51.4	17~24
○22.4~9	943,820	‥	43,217	18,467	6.1	5
○23.4~9予	1,300,000	‥	95,000	66,000	21.8	7~10
○22.4~6	409,968	‥	11,733	1,696	0.6	
○23.4~6	893,353	‥	46,310	23,331	7.7	

【配当】	配当金(円)
21. 3	15
21. 9	8
22. 3	14
22. 9	5
23. 3	12
23. 9予	7~10
24. 3予	10~12

予想配当利回り 3.04%
1株純資産(円)〈○23. 6〉
1,071 (1,048)

【本社】103-8645東京都中央区日本橋1-13-1 ☎03-5255-1000
【子会社店舗】野村證券:本店☎03-3211-1811, 大阪☎06-6222-1533, 名古屋☎052-231-6816, 他 計113, 駐在員事務所2
【従業員】〈23.6〉連27,244名 子‥名(42.7歳)年1,077万円
【証券】上東京P, 名古屋P, SIN, NY 名三菱U信 監EY新日本
【銀行】三井住友, みずほ, 三菱U, りそな, 三菱U信, 農中

2023年4集　https://www.nomura.com/jp/

チャート（紙版）で確認すると…

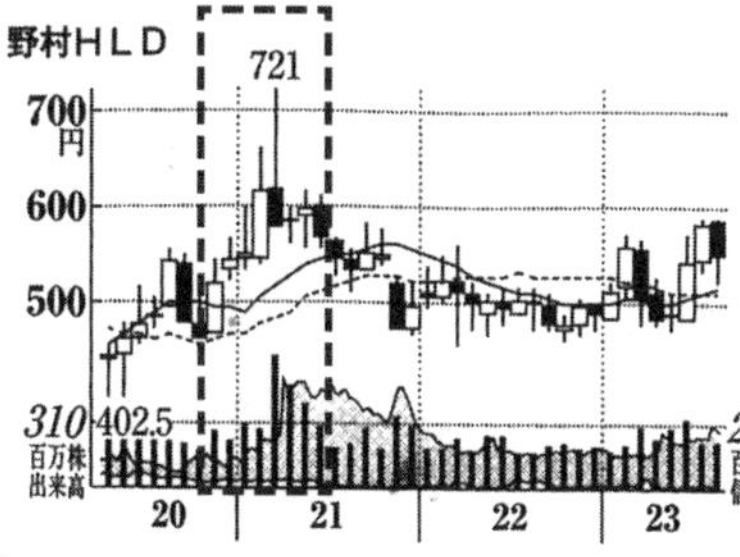

株価指標
予想PER　(倍)
〈24.3〉 11.0
〈25.3〉 10.9
実績PER
高値平均 15.4
安値平均 11.0
PBR 0.52
株価(8/28)
558.8円
最低購入額
5万5880円

出典:『会社四季報』2023年4集秋号

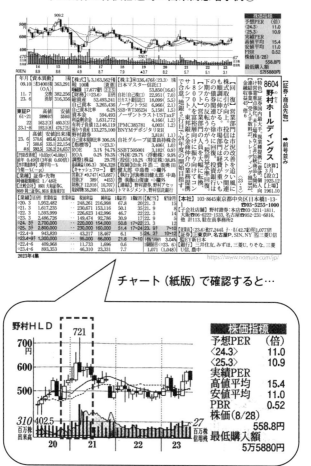

不人気株の株価低迷時の出来高急増事例④

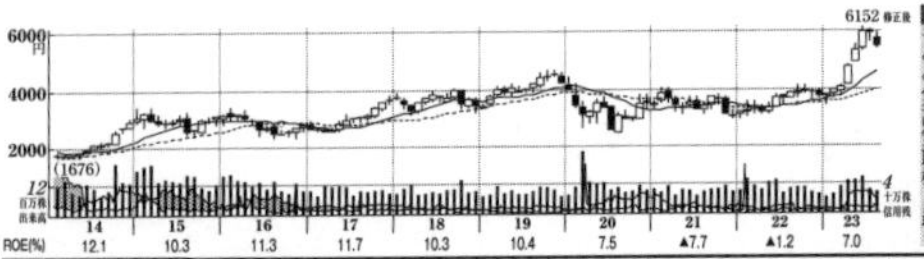

【株価指標】
予想PER （倍）
〈24.3〉 27.2
〈25.3〉 25.9
実績PER
高値平均 —
安値平均 —
PBR 2.23
株価(8/28) 5405円
最低購入額 54万500円

【陸運】 9009 京《けい》成《せい》電《でん》鉄《てつ》 ➡前号並み

【決算】3月 【設立】1909.6 【上場】1949.5

【特色】千葉、東京東部、茨城地盤。成田空港へのアクセス路線が収益柱。オリエンタルランドの筆頭株主

【連結事業】運輸業58(1)、流通業20(▲1)、不動産業9(34)、レジャー・サービス業4(▲7)、建設業7(4)、他2(1)〈23・3〉

【大幅増益】訪日客需要の回復進みホテルは稼働率、客室単価ともに上昇。運輸も有料特急など空港輸送好調に加え前期子会社化の新京成が通期寄与。流通も新京成保有のコンビニ店舗上乗せが効く。営業増益。

【業務集約】経理・総務などグループ各社の管理部門を7月から子会社「We京成」に集約、業務の効率化図る。24年春から鉄道駅バリアフリー料金導入し運賃加算予定。

年月【資本異動】		万株
10. 3	交換	34,482
11. 2	交換	34,482
14. 3	交換	34,482
16.10	併2→1	17,241
22. 9	交換	17,241

東証P	高値	安値
49~21	4655(19)	47(49)
22	4105(10)	2925(1)
23.1~8	6152(6)	3460(1)

	高値	安値	出来万株
23. 6	6152	5290	1,442
7	6099	5578	944
#8	5989	5304	933

【PBR改善度】+0.54pt(+0.90pt)
前年 1.69倍(3年前 1.33倍)
【四半期進捗率】3期平均31.3%*
今期30.9%(▲0.4pt)

【業種】鉄道
時価総額順位 6/24社
【比較会社】9001 東武鉄道, 9006 京急電鉄, 9008 京王電鉄

【株式】7/31 172,411千株
単位 100株 貸借 優待
時価総額 9,318億円 225

【財務】〈連23.6〉 百万円
総資産 984,702
自己資本 405,043
自己資本比率 41.1%
資本金 36,803
利益剰余金 344,470
有利子負債 351,548

【指標等】〈連23.3〉
ROE 7.0% 予8.2%
ROA 2.8% 予3.4%
調整1株益 —円
最高純益(19.3) 38,642
設備投資 382億 予‥億
減価償却 316億 予‥億
研究開発 ‥億 予‥億

【キャッシュフロー】 億円
営業CF 472(288)
投資CF ▲295(▲337)
財務CF ▲209(12)
現金同等物 344(252)

【株主】単17,702名〈23.3〉 万株
日本マスター信託口 2,697(15.6)
日本カストディ信託口 1,483(8.6)
日本生命保険 623(3.6)
オリエンタルランド 585(3.3)
みずほ銀行 486(2.8)
ノルウェー政府 441(2.5)
自社(自己株口) 348(2.0)
三菱UFJ銀行 308(1.7)
パリサー・キャピタル・マスター・ファンド 257(1.4)
ピンチョウタン・ファンディング 242(1.4)
〈外国〉27.4% 〈浮動株〉7.0%
〈投信〉13.3% 〈特定株〉43.4%

【役員】㈹小林敏也 ㈹天野貴夫 田中亜夫 金子庄吉 持永秀毅 山田耕司 岡匡一 清水健司 延命誠 古川康信* 栃木庄太郎* ⇨欄外

【連結】京成建設, 京成ストア, 京成バス, 北総鉄道

【業績】(百万円)	売上高	営業利益	経常利益	純利益	1株益(円)	1株配(円)
連21. 3	207,761	▲18,056	▲32,165	▲30,289	▲179.7	17
連22. 3	214,157	▲5,201	▲3,191	▲4,438	▲26.3	17
連23. 3	252,338	10,228	26,764	26,929	161.7	20
連24. 3予	308,800	24,800	42,200	33,300	198.8	20
連25. 3予	316,000	26,100	44,300	34,900	208.4	20
連22.4~9	119,031	4,401	10,329	15,597	94.1	8.5
連23.4~9予	150,000	12,000	20,000	16,000	95.5	10
連22.4~6	59,756	3,203	5,948	4,382	26.4	
連23.4~6	72,466	7,653	13,831	10,622	63.4	
会24. 3予	308,800	24,800	42,200	33,300	(23.4.28発表)	

【配当】	配当金(円)
21. 3	8.5
21. 9	8.5
22. 3	8.5
22. 9	8.5
23. 3	11.5
23. 9予	10
24. 3予	10

予想配当利回り 0.37%
1株純資産(円)〈連23. 6〉 2,418 (2,358)

【本社】272-8510千葉県市川市八幡3-3-1 ☎047-712-7000
【路線】鉄道152.3km(本線69.3km, 成田空港線49.9km, 千葉線12.9km, 他)
【従業員】〈23.6〉連12,196名 単1,895名(41.4歳)年721万円
【証券】上東京P 幹野村 名三菱U信 監トーマツ
【銀行】政策, 三井住友信, 三菱U, みずほ
【仕入先】—
【販売先】—

2023年4集

https://www.keisei.co.jp/

チャート（紙版）で確認すると…

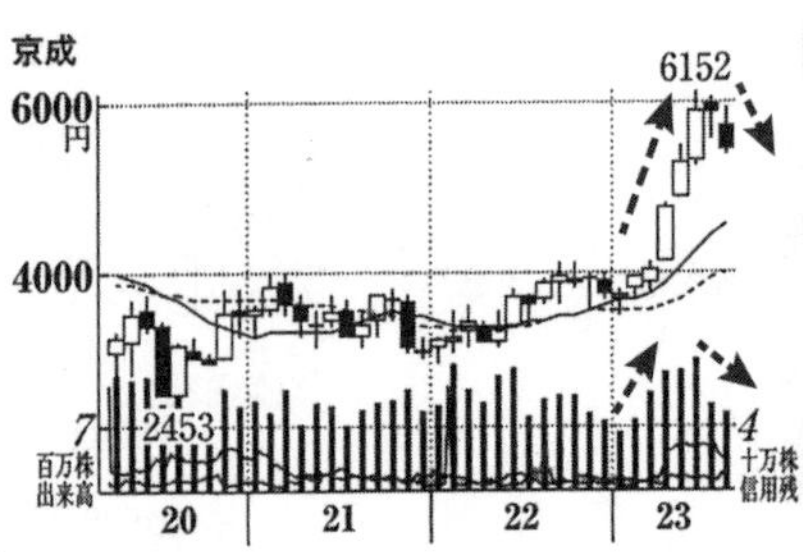

出典：『会社四季報』2023年4集秋号

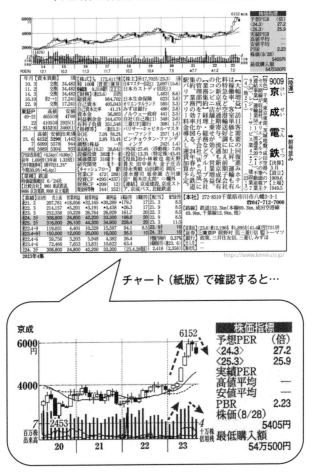

③テクニカル分析指標

テクニカル分析とは、過去の市場の動きを分析することによって、将来の市場の動きを予想する方法です。

テクニカル指標をチャート上に表示することによって、相場の節目やトレンド、売買のタイミングなどを分析することができます。

テクニカル分析に役立つ指標はいくつもありますが、今回はもっともわかりやすい移動平均線についてご説明します。

移動平均線

移動平均線とは、一定期間の株価の平均を結んだ線のことをいい、ローソク足とあわせて使うことで、トレンドや売買タイミングを予測するのに役立ちます。

移動平均線は、その期間によってさまざまな種類があります。

・日足《ひあし》　5日、10日、25日、75日、200日
・週足　13週、26週

単純移動平均線

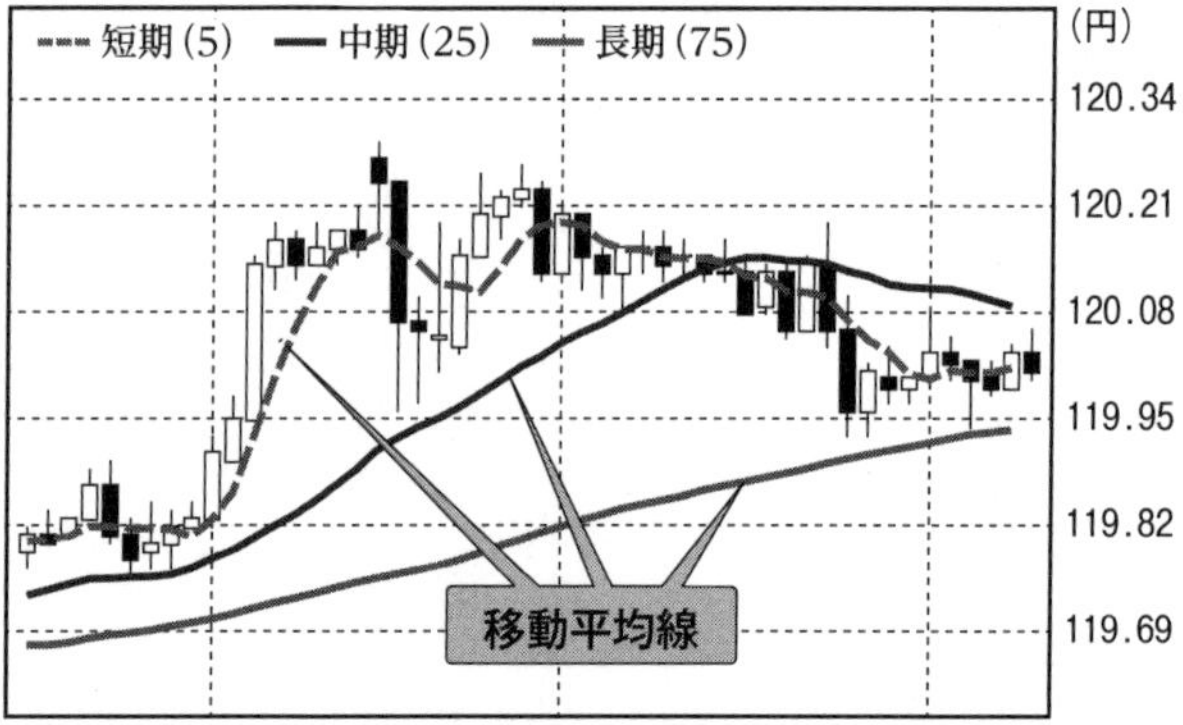

出典：auじぶん銀行「チャートの見方」をもとにSBクリエイティブ株式会社が作成

・月足　12カ月、24カ月、60カ月、120カ月

これらのうち、一般的にトレンドを見るのに使われるのは次の期間です。

・短期トレンド　5日、25日、75日
・中期トレンド　13週、26週
・長期トレンド　12カ月、24カ月

移動平均線が表すシグナルのうち、トレンドの転換点として比較的初心者の方でもわかりやすい「ゴールデンクロス」と「デッドクロス」についてご説明します。

ゴールデンクロスとデッドクロス

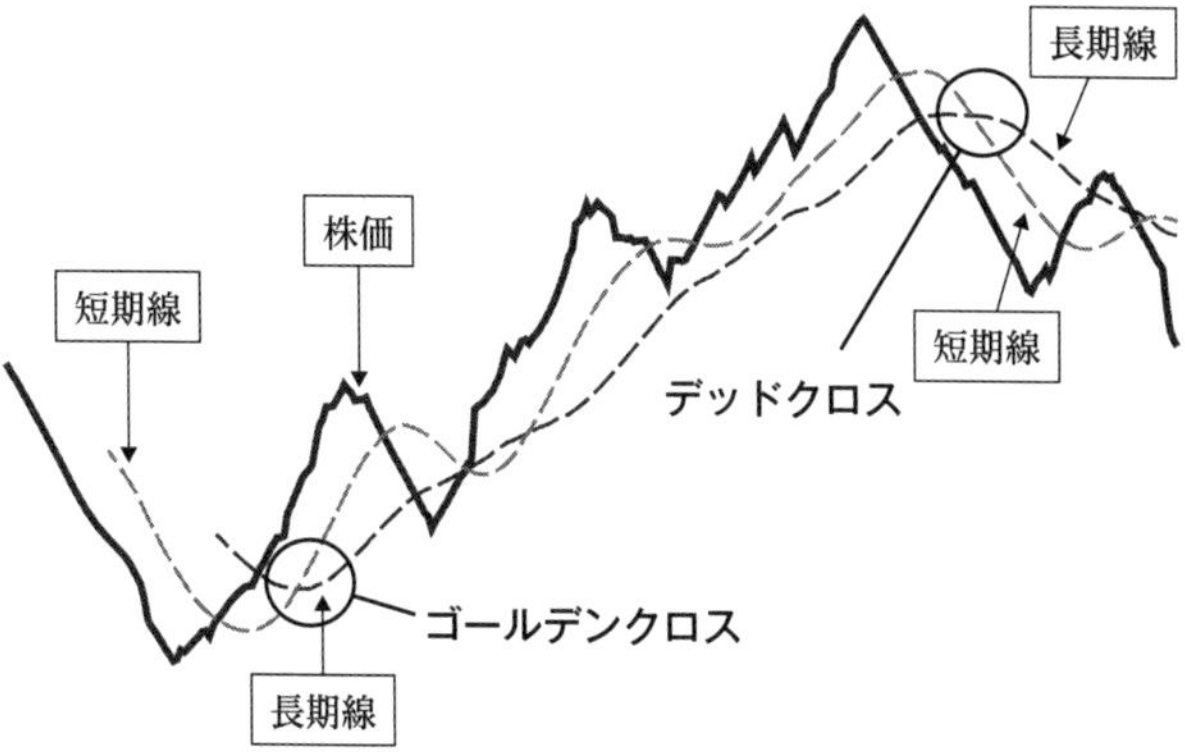

出典：日本証券業協会　投資の時間「移動平均線」

ゴールデンクロスとデッドクロス

ゴールデンクロスとデッドクロスは、ともに移動平均線によって示されるトレンド転換のポイントです。

ゴールデンクロスは、短期移動平均線が中期・長期移動平均線を下から上に突き抜けることで、上昇トレンドへの転換の可能性を示します。これが出たら「買い」のタイミングのシグナルと考えてください。

逆にデッドクロスは、短期移動平均線が中期・長期異動平均線を上から下に抜けることで、下降トレンドへの転換の可能性を表しています。これが出たら「売り」のタイミングのシグナルといえます。

みなさんもぜひ『会社四季報』のチャートを見ながら、ゴールデンクロスやデッドクロスを探してみてください。

実際に自分で調べてみることで、知識が身につきやすくなります。一見するととっつきにくいテクニカル分析が身近に感じられ、「もっと高度な分析方法を知りたい」と思うようになっていくことでしょう。

第5章

市場の先読みには
マインドセットも重要

株価チェックをやりすぎない

ここまでは、市場の先読みをする方法についてお話ししてきました。

株式投資をする上で、市場の動向を知り景気の転換点に気づくことはきわめて重要なことです。

しかし、この「市場に敏感になる」とは逆のことを申し上げるようですが、ご自身の持株の株価チェックを頻繁に行うのは控えることをおすすめします。

その理由は、持株の株価チェックを始めるとキリがないからです。下手をすると、株式市場が開いている間はずっと気になって、他のことが手につかなくなります。

おそらく株式投資の経験のある人なら、誰もが一度はそんな状態に陥ったことがあるのではないでしょうか。

上がれば上がったで気分が高揚し過ぎて仕事どころではなくなりますし、下がれば下がったで心理的ダメージが大きくなります。イライラして「絶対にリベンジしてやる！」という気持ちになって、本当は買わないほうがいいタイミングなのに平均購入単価を引き下げるために同じ銘柄を買い増しする人もいます。

「まだ上がっていない株なら値上がりが期待できるだろう」と、銘柄についてよく調べもしないで安い株を買いあさる行動に出るなど、およそ冷静とは言い難いアクションを起こしがちになるのです。

これを防ぐいちばんの方法が「株価チェックをやりすぎない」ということです。もちろんまったくチェックをせずに放置しっぱなしもよくありません。

具体的な頻度としては、持ち株の株価チェックは四半期、すなわち3カ月に1度くらいがちょうどいいと私は思います。

四半期に1度の四半期決算か、『会社四季報』の出版に合わせて株価チェックをしつつ、持ち株の見直しをするようにしましょう。

このまま持ち続けてもいいと思えればそのまま保有すればいいですし、あまり期待できないと感じたら売却するようにします。

また、株の取引を避けるべきタイミングがあります。それは体調がよくないときです。

相場がどんなによくても、自分が体調不良だと誤った判断をしがちですので取引はしないようにしましょう。

投資に悲観論は一切不要

一時期、「もう日本の株式市場はダメだ」「日本沈没」のように言われていた時期がありました。マスコミ的にも日本総弱気、どこまでダメになるか、そういった話が受けるというので盛んに取り上げられていましたね。

私はそれを苦々しい思いで見ていました。だって、暗いじゃないですか。

投資は未来を見据えて行うものですし、そもそも株式投資の本質は「会社を応援すること」です。その会社に、もっと多くの人に受け入れられて、人々を幸せにするような商品なりサービスなりを提供してもらいたいという思いで行うものだと思うのです。

なのに最初から「もう日本はダメ」と決めつけてしまったら、「自分が応援しようと思って株を買った会社もダメ」ということになってしまいます。

株主というのは、その会社のファンなのです。

たとえば芸能人のファンの飲み会があったとして、その芸能人の悪口を言いますか？「あの人、あそこがよくないよね。性格悪いよね」なんてまず言わないでしょう。そんなことを言っても盛り上がるはずがありません。

ディズニーランドでミッキーマウスの悪口を言う人だって絶対にいないでしょう。

それと同じと考えてください。

株主はその会社の第一のファン。そのため、悪口など言わないほうがいいのです。いいところを見つけて、将来その会社が社会貢献をして、多くの人に支持され愛されているところを思い描きましょう。

ちなみに、株式を売るのを仕事にしている証券マンは基本的に性格が明るいです。これも「相場が悪くなる」と思って仕事をしている人がいないからでしょうね。相場はこれからどんどんよくなる、お客様にも喜ばれる……そんな気持ちで取り組み、明るい未来を思い描いているので、自然と性格も明るくなるのです。

こう言っては語弊があるかもしれませんが、証券マンに比べて「お金を貸す立場の人」（あえて○○マンとは言いません）は悲観論者が多いような気がします。貸したお金を返してもらえるか、どれだけ貸したらどれくらいの利息が取れるかばかり考えているから……と言ってしまったら言い過ぎになるでしょうか。

でもこの推察、当たらずとも遠からずだと思うのですが。

2カ所で聞いた話には信ぴょう性がある

株式投資の判断は、最終的には自分で行うようにしましょう。さらにいえば、自分の直感に従うべきです。

ただしこれは「最終判断をする場合」です。

事前の情報集めの段階では、私は2カ所（2人）から悪い話を聞いたらやめるようにしています。この「2」というのがポイントです。

1人だけから聞いた話であれば、その人の好みや主観によるものかもしれません。ところが、2人から聞いたとなると俄然信ぴょう性が高まるのです。この2人が別々の組織なりグループなりに所属していれば、さらに信頼するに足る情報になります。

逆もしかりです。たとえば、私自身に関してはこんなことがありました。

私が創業まもなくで無名だったとき、ある人がMXテレビで放送される「ストックボイス」の出演者として私を推薦してくれました。

ところがストックボイスの岩本秀雄副社長の話によれば、まったく別の人が同じ時期に「渡部さんは株式の解説が上手だよ」と推してくれていたというのです。

岩本副社長は「この2人が推薦してくれる人なのだから間違いないだろう」と判断して、無名の私を起用してくれたというわけです。

「2カ所で悪い話を聞いたら投資をやめる」「2カ所でいい話を聞いたら投資先として検討する」。これをあなたの投資マイルールに加えていただければと思います。

株式投資は何度でもやり直しができる

失敗が怖くて投資ができない、という声を聞きます。

日本では1970～1980年代の預金金利が高かったので、資産運用と言えば元本保証の固定金利というイメージが定着してしまったのでしょう。それが親を通じて子世代にも伝わってしまっているのだと思います。

確かに、株式投資は銀行預金と異なり元本保証ではありません。でも、だからこそ大きく膨らんでいく可能性もあるのです。

それに株の場合、仮に運用がうまくいかなくて損失を被《こうむ》ったとしても何度でもやり直しができます。

たとえば、不動産投資の場合だとそうはいきません。現金でポンと買った物件ならともかくとして、ローンを組んで購入した場合、入居者が入らない限り家賃収入が途絶え、借入金の返済を身銭を切って行わなくてはならなくなります。

売ろうにも売れないのが不動産です。

その点、株式投資はどうでしょう。会社が倒産でもしない限り、損はしても売却することはできます。

仮に会社が倒産した場合でも、ゼロになるだけです。借金まで背負うことはありません。

私の言っていることは極端だと思いますか？

でも株式投資をするのであれば、それくらいの気持ちで臨んだ方がいいと思います。

現実にはすべての資産を1つの銘柄に投資する人はまずいないので、資産がゼロになるということはないでしょう。あくまでも気持ちの問題です。

うろたえないこと、あわてないことが大事です。

その意味では、株式投資を始めると胆力が鍛えられますよ。

ナンピン買いではなく「値洗い」するのがマイルール

私も株式投資で買っては下がるという失敗をしてきましたが、私は失敗を引きずらないよう、「ナンピン買いをしない」というスタンスを取っています。

ナンピン買いというのは、持ち株の株価が下がったときに、平均購入単価を引き下げるために追加購入をすることをいいます。

たとえば、A社の株式を1株3000円のときに1000株買っていたとしましょう。購入価格は30万円です。

ところが1年後、A社の株価が1株2000円に下落。1株につき1000円の評価損になりました。

ここでよく使われるのがナンピン買いです。新たに2000円で100株を購入すると、購入価格は20万円。先に購入した分とあわせて200株の購入価格は50万円。平均取得単価は「50万円÷200株＝2500円」となります。

初回購入時の購入単価3000円より500円安くなりましたが、それでも500円の含み損を抱えた株を200株持っていることになります。

当然、追加で買い付けるお金があるという前提です。

このような手法が株価の下落時にはよく使われるのですが、私はこれをしないようにしています。

2000円に値下がりしたらそこで売ってしまいます。

「この銘柄はもう上がらないだろう」と思ったらそれでおしまいにしますが、「いや、この銘柄はこれからまだ上がるだろう」と思ったら買い直します。これを「値洗い」といいます。

手数料がかかってバカバカしいと思われるかもしれません。

けれども私は、評価損の出た株をそのまま持ち続ける方が精神的な負担が大きいと考えます。ネット証券のマイページを見ると、評価損がそのままマイナスで記載されますよね？

あれを目にしたくないのです。

もう1つの理由は、少しでも株価が上昇した時の心理的なプラス効果です。

特に、当初はテンバガーを想定して買っていた場合、会社そのものに問題がなかったとしても買値に戻ったとたんに「ああ、やれやれ、やっと戻ったか。ここで売ろう」という心理が働きやすくなります。そして急いで売ってしまい、その後、株価が急騰するということがよくあります。

ところが値洗いして2000円で仕切り直せば、2500円に値上がりした場合、「おお！　500円も値上がりしたか！」という気持ちになります。実際は買値の3000円からまだ500円も下がっているのにです。

しかし、これが気持ちに余裕をもたらすことになり、銘柄そのものについて冷静に分析できるようになるため、「やれやれ売り」を防ぎ、当初立てたテンバガーのストーリーをまっとうできることになるのです。

持株が値下がりして「どうしよう」と迷ったときは、ぜひ思い出してください。

失敗を持ち越さず、リセットして再び株式投資に向かっていけるようになるでしょう。

おわりに

最後までお読みいただき、ありがとうございました。

いかがだったでしょうか?

本書は投資家の思考法について、なるべく丁寧にかみ砕いた解説を試みた1冊ですので、読者のみなさまが、投資において大切にすべき「先読み術」について、楽しみながら理解を深めることができたのであれば幸いです。

投資をする上で、いちばん大切なのは「直感」だと私は思っています。

ただし「なんとなくこの株が上がりそうな気がする」というのではいけません。それは直感ではありません。

直感というのは数字のように目に見えるものでも、明確に説明できるものでもありません。それゆえに人によってはフワフワした感覚の一種のように認識されていることも多いようです。

でも実は、本当の意味での「直感」はそんなヤワなものではないのです。

株式投資に関して直感が発動するようになるのは、ある程度の知識が身についてきてからです。それはたとえばこんなことです。

・世界全体の経済規模を把握できていて、その中で日本がどういう位置づけにいるのか理解できている
・産業構造の仕組みがわかっていて、今それがどう変化しているのか追跡できている
・長いスパンで見たときに、株価はどう変動しているのか分析できている

これらの条件をクリアできたとき、新しい情報に触れた際にあなたの持っている知識やこれまで培ってきた分析力が同時に発動し、直感という形で降りてくるのです。

こう書くと、直感を得られるようになるまでの道のりが途方もなく長いものに感じられるかもしれません。

でもご安心ください。

この本でご紹介した方法を、最初は無理のないところから1つ2つ実践し、身についたなと思ったらまた1つ2つと増やしていっていただければ、必ず成果は出てきます。

まず、世の中全般の動きに敏感になっていくことでしょう。見るもの聞くものすべてが個別の事象ではなく、それぞれにつながりを持つ連鎖したものと感じられるようになっていきます。

そうなったらしめたもの。

いつしかあなたは本書でもご紹介した「風が吹けば桶屋が儲かる」式の発想ができるようになっていることでしょう。

あれこれと連想しているうちに、まるで天啓のように「ああ、なるほど！」という瞬間が訪れるはずです。その「ああ、なるほど！」こそが「直感」です。

どうですか？　なんだかこの先が楽しみになってきませんか？
ぜひこうした自分の変化も含めて、株式投資の世界を楽しんでみてください。何よりも、あなた自身の人生が彩り豊かなものになっていくことは間違いありません。

渡部清二

2023年11月

著者略歴

渡部清二（わたなべ・せいじ）

複眼経済塾 代表取締役・塾長

1967年生まれ。1990年筑波大学第三学群基礎工学類変換工学卒業後、野村證券株式会社入社。個人投資家向け資産コンサルティングに10年、機関投資家向け日本株セールスに12年携わる。野村證券在籍時より、『会社四季報』を1ページ目から最後のページまで読む「四季報読破」を開始。26年以上継続しており、2023年秋号の『会社四季報』をもって、計104冊を完全読破。2013年野村證券退社。2014年四季リサーチ株式会社設立、代表取締役就任。2016年複眼経済観測所設立、2018年、複眼経済塾に社名変更。テレビ・ラジオなどの投資番組に出演多数。「会社四季報オンライン」でコラム「四季報読破邁進中」を連載。『インベスター Z』の作者、三田紀房氏の公式サイトでは「世界一『四季報』を愛する男」と紹介された。近著に『会社四季報の達人が全力で選んだ 10倍・100倍になる！　超優良株ベスト30』（小社刊）、『株主総会を楽しみ、日本株ブームに乗る方法』（ビジネス社、複眼経済塾としての書籍でもある）などがある。

〈所属団体・資格〉

公益社団法人日本証券アナリスト協会認定アナリスト

日本ファイナンシャル・プランナーズ協会認定AFP

国際テクニカルアナリスト連盟認定テクニカルアナリスト

神社検定1級、日本酒検定準1級、大型自動車免許

複眼経済塾公式サイト

SB新書 639

プロ投資家《とうしか》の先《さき》を読《よ》む思考法《しこうほう》

2023年12月15日 初版第1刷発行

著　　者　渡部清二《わたなべせいじ》
発 行 者　小川 淳
発 行 所　SBクリエイティブ株式会社
〒106-0032 東京都港区六本木2-4-5
電話：03-5549-1201（営業部）
装　　丁
本文デザイン　杉山健太郎
D T P
目次・章扉　株式会社キャップス
校　　正　有限会社あかえんぴつ
編集協力　堀 容優子
協　　力　小笹俊一（複眼経済塾）
編　　集　大澤桃乃（SBクリエイティブ）
印刷・製本　大日本印刷株式会社

本書をお読みになったご意見・ご感想を下記URL、
または左記QRコードよりお寄せください。
https://isbn2.sbcr.jp/22381/

落丁本、乱丁本は小社営業部にてお取り替えいたします。定価はカバーに記載されております。
本書の内容に関するご質問等は、小社学芸書籍編集部まで必ず書面にて
ご連絡いただきますようお願いいたします。

ISBN 978-4-8156-2238-1